Mediävistik zwischen Forschung, Lehre und Öffentlichkeit

Herausgegeben von Wernfried Hofmeister

Band 1

PETER LANG

Frankfurt am Main·Berlin·Bern·Bruxelles·New York·Oxford·Wien

Markus Hinterholzer

Alte HeldInnen braucht die Schule

Das *Nibelungenlied* und der *Herr der Ringe*
als literaturdidaktische Beispiele für einen
gehirn-gerechten Mittelalterunterricht

PETER LANG
Internationaler Verlag der Wissenschaften

Bibliografische Information der Deutschen Nationalbibliothek
Die Deutsche Nationalbibliothek verzeichnet diese Publikation in
der Deutschen Nationalbibliografie; detaillierte bibliografische
Daten sind im Internet über <http://www.d-nb.de> abrufbar.

ISSN 1863-060X
ISBN 978-3-631-55727-3

© Peter Lang GmbH
Internationaler Verlag der Wissenschaften
Frankfurt am Main 2007
Alle Rechte vorbehalten.

www.peterlang.de

Bei jeder (erfolgreichen) Bewältigung einer Aufgabe ist erfahrungsgemäß ein beruflicher bzw. privater Personenkreis unterstützend im Hintergrund tätig, dem an dieser Stelle Dank gebührt. Allen voran danke ich Herrn Prof. Dr. Wernfried Hofmeister: Er motivierte mich von Anfang an, im Rahmen meiner Diplomarbeit Neues und Unbekanntes auszuprobieren, stand mir als Betreuer mit wertvollen thematischen Anregungen zur Seite und ermöglichte es mir schließlich, in seine neue Buchreihe aufgenommen zu werden. Ich danke meinen Freunden Mag. Klaus Piber und Bernhard Reicher für ihre redaktionellen und inhaltlichen Rückmeldungen und insbesondere meiner Studienkollegin und Freundin Marion Gartlgruber, die diese Arbeit durch intensive Gespräche und wertvolle Tipps von der Ideenfindung bis zum Abschluss begleitete. Für den ‚Feinschliff' in der allerletzten Drucklegungs- und Layoutphase sorgte schließlich noch Fr. Mag. Dr. Andrea Hofmeister, der dafür ebenfalls mein herzlicher Dank gilt. Abgesehen von dieser fachlichen Unterstützung verdanke ich das Zustandekommen dieser Arbeit jenen Menschen, die mich auch in schwierigen Zeiten immer unterstützt haben: meinen Eltern und Ina Wilhelm.

Die Schule sei keine Tretmühle,
sondern ein heiterer Tummelplatz des Geistes.

Johannes Amos Comenius (1592 - 1670)

Vorwort

Während meiner Schulzeit und sogar noch zu Beginn meines Germa-
nistikstudiums glaubte ich, mittelalterliche Literatur sei langweilig, un-
zeitgemäß und vor allem lebensfremd. Diese Vorstellung habe ich unter-
dessen revidiert!

Zum ersten Mal für mittelalterliche Literatur wirklich entflammt bin
ich im Sommersemester 2002. Ich gehörte zu den ‚wagemutigen' Studierenden, die sich auf ein – mittlerweile fest im Lehrplan verankertes –
Pilotprojekt einließen. In diesem wurde ein Brückenschlag zwischen
Fachgermanistik und Schulpraxis in Form eines Tandem-Unterrichts-
projekts zwischen einem mediävistischen Seminar und einer fachdidak-
tischen Lehrveranstaltung am Beispiel des steirischen Dichters Ulrich
von Liechtenstein erprobt.[1] Ich erlebte mittelalterliche Literatur plötzlich
facettenreich, manchmal berührend, dann auch wieder amüsant; vor
allem aber sprang – für mich damals völlig überraschend – unsere
Begeisterung auch auf die SchülerInnen über, denen wir im Rahmen
dieses Pilotprojekts eine Stunde lang den steirischen Dichter näher
brachten. Für mich kam damit ein Stein ins Rollen und ich stellte mir
immer wieder die Frage, was wohl in meiner Schulzeit schief gelaufen
war, dass ich das Mittelalter so eindruckslos und einschläfernd erlebt
hatte. Gleichzeitig entstand in mir der Wunsch, das Mittelalter und
mittelalterliche Literatur didaktisch gebührend aufzubereiten. Wie viele
Lehramtsstudierende musste ich jedoch bald erkennen, dass es eine
große Herausforderung darstellt, Fachwissenschaft und Didaktik zu
verbinden – sie sozusagen in ein gemeinsames Boot zu holen. Zudem
stellte ich fest, dass – obwohl das Mittelalter medial immer mehr Auf-

---

[1] Die offizielle Ankündigung der beiden Lehrveranstaltungen des SS 2002 an der
Karl-Franzens-Universität Graz lautete im Vorlesungsverzeichnis: „510.302 SE, 2st.
Hofmeister W.: Ulrich von Liechtenstein (Mit Anbindung an FD: Redik: Literatur-
betrachtung)" sowie „510.631 VU [= Vorlesung mit Übungen], 2st. Redik: Literatur-
betrachtung/Leseerziehung (nur in Verbindung mit dem SE zur älteren dt. Literatur:
Ulrich von Liechtenstein). Mit besonderer Berücksichtigung der mittelhochdeutschen
Literatur, Schwerpunkt Ulrich von Liechtenstein".

merksamkeit spielte –, es im Deutschunterricht nur mehr eine marginale Rolle genoss.

Zur Themenfindung dieser Arbeit[2] gelangte ich aber auch durch ein weiteres Interesse: Seit einigen Jahren faszinieren mich die Untersuchungen der Gehirnforschung und deren Bedeutung für das Lehren und Lernen. Je weiter ich mich in dieses Gebiet einlas, umso deutlicher wurde mir bewusst, dass die Erkenntnisse aus der Neurowissenschaft eher verhalten in didaktische Unterrichtskonzepte einfließen.

Das verblüffte mich – denn das Gehirn ist das zentrale Organ des Lernens und die Erziehungswissenschaft betont seit Jahren, dass die Hirnforschung in „ihrer Relevanz für schulisches Lernen wohl nicht mehr übersehen werden"[3] kann. Die Integration moderner naturwissenschaftlicher Forschungsergebnisse würde gerade für die Deutschdidaktik – und speziell für die Mittelalterdidaktik – erstaunliche Möglichkeiten bieten. Das brachte mich auf die Idee des gehirn-gerechten Mittelalterunterrichts, in dem die mittelalterliche Literatur gebührend didaktisch aufbereitet und entsprechend der modernen Hirnforschung realisierbar würde. Da didaktische Konzepte am besten in der konkreten Anwendung demonstriert werden, entschied ich mich für das *Nibelungenlied* und den *Herrn der Ringe* als Unterrichtsbeispiele.

---

[2] Markus Hinterholzer: 'Alte HeldInnen braucht die Schule'. Das "Nibelungenlied" und der "Herr der Ringe" als literaturdidaktische Beispiele für einen gehirn-gerechten Mittelalterunterricht. Graz, Univ., Dipl.-Arb. 2006.

[3] Ernst Begemann: Lernen verstehen – verstehen lernen. Zeitgemäße Einsichten für Lehrer und Eltern. Erziehungskonzeption und Praxis Bd. 44. Frankfurt am Main: Europäischer Verlag der Wissenschaften 2000, S. 82.

Inhaltsverzeichnis

Einleitung

Die Erwähnung meines Arbeitstitels rief bisweilen verwunderte, neugierige, gelegentlich auch skeptische Reaktionen hervor. Eine literaturdidaktische Arbeit, verwoben mit aktuellen Erkenntnissen aus der Gehirnforschung und in praktischer Anwendung mit zwei auf den ersten Blick doch relativ unterschiedlichen Umsetzungsbeispielen ist tatsächlich nicht nur eine Herausforderung für den Autor, sondern auch für seine Leserinnen und Leser. Um jegliche falsche Assoziationen, die Titel oder Themenstellung dieser Arbeit erwecken könnten, aus dem Weg zu räumen, will ich zunächst die Grenzen der gewählten Thematik abstecken. In einer literaturdidaktischen Arbeit wäre ein überdimensionierter Teil über neurobiologische Zusammenhänge nicht zweckmäßig. Hier muss sich die Arbeit auf das Wesentliche konzentrieren. Außerdem würde es definitiv den Rahmen dieser Arbeit sprengen, bis zur Gebrauchsfertigkeit gänzlich ausgearbeitetes Unterrichtsmaterial anzubieten. Sehr wohl jedoch kann ein bis dato vor allem im Bereich der Mittelalterdidaktik nicht gewagter Brückenschlag von der Neurowissenschaft zur Didaktik sowohl theoretisch als auch in der praktischen Umsetzung vorgestellt werden. Eine wissenschaftstheoretisch fundierte Beispielsammlung soll darüber hinaus als Basis für die Weitergabe mittelalterlicher Literatur dienen. Ich möchte damit aufzeigen, dass sich ‚alte‘ HeldInnen ausgezeichnet für einen gehirn-gerechten Mittelalterunterricht eignen und ältere Literatur einen fest verankerten Platz im Deutschunterricht verdient.

Bei der Erörterung, warum mittelalterliche Literatur im Deutschunterricht nicht (mehr) übersehen werden kann, werde ich auf den so genannten ‚Mittelalterboom‘ und seine teils fragwürdigen Darstellungen des Mittelalters eingehen. Die Risiken und Chancen sowohl für die Mittelalterdidaktik als auch für die Mediävistik sind dabei abzuwägen. Meiner Meinung nach hängt die gesellschaftliche Wertschätzung des literaturhistorischen Faches eng mit dessen Verankerung im gymnasialen Unterricht zusammen. Deshalb betrachte ich den universitären ‚Reiseproviant‘ als durchaus essenziell für die Schule.

Warum ich mich gerade für das *Nibelungenlied* und seine HeldInnen entschieden habe, bedarf ebenso einer Begründung wie der Einsatz von J. R. R. Tolkiens Roman *Herr der Ringe* im Deutschunterricht. Tolkiens ‚Weltenentwurf' von Mittelerde, sein Erfolg und der Einfluss seiner wissenschaftlichen Karriere als Philologe auf sein literarisches Werk sind hierbei von Bedeutung.

Ebenso verlangt die Berücksichtigung der ‚alten HeldInnen' im Unterricht einige besondere Reflexionen. Anfangs muss erst einmal überlegt werden, was denn unter einem Helden, einer Heldin zu verstehen ist. Zeitgemäß und gehirn-gerecht ist die spezielle Behandlung der seltenen, aber nicht weniger wichtigen Heldinnen im Unterricht; eine kritische Hinterfragung der HeldInnenverehrung, die sich gerade im Zusammenhang mit dem Nibelungenstoff aufdrängt, und ein Ausblick auf moderne HeldInnen runden diesen Themenbereich ab.

Nach diesem gewichtigen theoretischen Teil, der die Basis für die konkrete Textarbeit liefert, werden im praktischen Teil die zuvor aufge-stellten Thesen in ihrer Umsetzung erprobt. Zur Veranschaulichung werden eine umfangreiche Überblickstabelle und einige ausgewählte, detaillierte Unterrichtsbeispiele geboten. Vorangestellt sind all dem Textbeschreibungen des *Nibelungenlieds* und des *Herrn der Ringe*.
Den aufmerksamen LeserInnen ist bereits aufgefallen, dass ich mich in dieser Arbeit für den Einsatz geschlechtergerechter Sprache entschieden habe. Sprache spiegelt Strukturen, Werte und Normen einer Gesellschaft wider. Ein Wandel der Sprache wirkt auf das Bewusstsein und verändert mittelbar die soziale Welt. Die so genannte ‚Generalklausel', die zu Beginn eines Textes feststellt, dass die zumeist in der männlichen Form gewählten personenbezogenen Bezeichnungen für beide Geschlechter gelten, betrachte ich als nicht mehr ausreichend. Ich möchte betonen, dass die Anwendung der geschlechtergerechten Sprache mehr als nur politische Korrektheit bedeutet, sondern Ausdruck von Sensibilität für Gender-Mainstreaming ist.

Theoretischer Teil

1. Methodologische Überlegungen zu einem gehirngerechten Mittelalterunterricht

Mein Ansatz im Rahmen dieser Arbeit baut auf vorhandenen didaktischen Modellen wie dem handlungs-, produktions-, identitätsorientierten oder schülerInnenzentrierten Unterricht auf und integriert diese. Jedoch soll nicht ‚alter Wein' in neuen Schläuchen präsentiert werden. Die Verknüpfung neurobiologischer Erkenntnisse mit vorhandenen didaktischen Unterrichtskonzepten in konkreter Umsetzung anhand des *Nibelungenlieds* und des *Herrn der Ringe* bietet, so meine ich, eindeutig neue Perspektiven und wurde bisher nicht ausreichend geleistet. Die Deutschdidaktik hat ja schon immer neue Impulse aus anderen Bereichen wie beispielsweise der Gestaltpädagogik oder Psychologie im Sinne eines ganzheitlichen Lernens aufgegriffen. Den *Herrn der Ringe* unter anderem als thematischen und motiv-orientierten ‚Köder' für das *Nibelungenlied* zu nutzen, soll das Prinzip eines gehirn-gerechten Mittelalterunterrichts exemplarisch veranschaulichen.

Da im Schulalltag gerade bei älteren Texten kaum mit neuen Methoden gearbeitet wird und LehrerInnen, die mittelalterliche Literatur unterrichten, innovativen Interpretationsansätzen gegenüber teilweise sehr zurückhaltend sind,[4] ist die Mittelalterdidaktik verstärkt aufgefordert, sich um neue Methoden zu bemühen und diese einladend (für ihre KollegInnen) aufzubereiten, damit die schulische Mediävistik nicht vollends aus dem Deutschunterricht entschwindet. Dass es neuer Ansätze und Überlegungen in der Mittelalterdidaktik bedarf, steht etwa für Ina Karg außer Frage.[5]

---

[4] Vgl. Peter Jentzsch: Handlungsorientierte Begegnungen mit dem Mittelalter. Didaktische Skizzen. In: Mitteilungen des Deutschen Germanistenverbandes 45 (1998), H. 1-2, S. 47.

[5] Vgl. Ina Karg: „...und waz si guoter lêre wernt..." Mittelalterliche Literatur und heutige Literaturdidaktik. Versuch einer Kooperation. Frankfurt a. M.: Lang 1998. (=Beiträge zur Geschichte des Deutschunterrichts. 35.) S. 10ff.

Didaktische Modelle, die die Vermittlung und ihre Methoden wichtiger werden lassen als das Vermittelte – nämlich die mittelalterlichen Texte selbst –, schätze ich als fragwürdig ein. Wenn nun also Hagen oder Brünhild mit den HeldInnen aus dem *Herrn der Ringe* verglichen, interaktiv aufbereitet oder fiktiv interviewt werden – sind sie dann noch als die Figuren des mittelalterlichen *Nibelungenlieds* wiederzuerkennen? Diese Frage werde ich mir immer wieder stellen müssen. Gehirn-gerechtes Lernen soll nämlich nicht heißen, Texte als Anlass für verbindungslose Selbstreflexion oder zur therapeutischen Selbsterfahrung zu ‚missbrauchen‘. Gehirn-gerechter Mittelalterunterricht meint, den Fokus trotz aller lerntechnischen Aspekte auf Text und Inhalt zu belassen.

Aus der Zurückdrängung mittelalterlicher Literatur im Deutschunterricht hat sich ein ‚Legitimationszwang‘[6] für die Mittelalterdidaktik ergeben. In dieser Phase, in der die Selbstverständlichkeit von Tradition und herrschendem Kanon in Frage gestellt wird, gerät (nicht nur) die Mittelalterdidaktik in Argumentationsnot. Sie muss neue Argumente für die Relevanz ‚ihrer‘ Texte vorbringen. Die unumgängliche Konfrontation mit der Frage nach der Relevanz, Einsetzbarkeit und Sinnhaftigkeit von mittelalterlichen Texten im Deutschunterricht bietet, wie ich hoffe aufzeigen zu können, sehr wohl auch Chancen. Viele neue Gedanken und Ideen würden vielleicht nicht gewagt, wäre der Legitimationszwang in der Mittelalterdidaktik nicht so groß. Meine Anregung gehirn-gerechtes Lernen mit der Mittelalterdidaktik zu verbinden, entstand gerade aus diesen Überlegungen. Und dass es reichlich Argumente für einen Einsatz von mittelalterlicher Literatur im Deutschunterricht gibt, gerade in Verbindung mit neurobiologischen Gesichtspunkten, werde ich im Folgenden aufzeigen.

---

[6] Ebda., S. 17.

2. Gehirn-gerecht – eine kurze Begriffsbeschreibung

Lehrer brauchen Kenntnisse in Neurobiologie[7]

Wenn in einer literaturdidaktischen Arbeit im Titel ein Begriff wie ‚gehirn-gerecht' verwendet wird, sollte dies dem Leser/der Leserin vorweg näher erläutert werden. Zweifellos ist die Bezeichnung ‚gehirngerecht' vielen DidaktikerInnen bekannt, doch bedarf sie in diesem Zusammenhang einer genaueren Beschreibung bzw. Eingrenzung. In der Deutschdidaktik hat der Begriff bisher keine Verwendung gefunden und mag im Zusammenhang mit dem *Nibelungenlied* oder dem *Herrn der Ringe* zunächst sogar befremdlich klingen.

Meine erste Inspirationsquelle bei der Beschäftigung mit gehirngerechtem Lernen war die Kommunikationstrainerin und Leiterin des *Instituts für gehirn-gerechtes Arbeiten,* Vera Birkenbihl, die seit 1973 mit dem Begriff ‚gehirn-gerecht' arbeitet und ihn nach eigenen Angaben auch geprägt hat.[8] Seit einigen Jahren findet er jedoch häufiger auch im pädagogisch-didaktischen Bereich Verwendung, wie etwa in Hans Schachls *Was haben wir im Kopf? Grundlagen für gehirngerechtes Lernen*[9] oder Peter Heitkämpers *Handbuch für innovativen und gehirngerechten Unterricht*[10].

Gehirn-gerechtes Lernen ist charakterisiert durch ein Lernen, das dem menschlichen Gehirn entspricht und die verschiedenen Facetten bzw. Hintergründe sowohl der Informationsaufnahme als auch der Informationsvermittlung beachtet und diese nicht – wie es meiner Erfahrung nach in Schulen immer noch häufig passiert – weitgehend

---

[7] Dies gibt der Erziehungswissenschaftler und Mathematiklehrer Gerhard Friedrich in einem Interview an. In: Geo. Das neue Bild der Erde 10 (2004). (Themenheft: Wie wir klüger werden. Teil 1: Die neurobiologischen Grundlagen des Lernens.) S. 168.

[8] Vgl. Vera F. Birkenbihl: Das „neue" Stroh im Kopf? Vom Gehirn-Besitzer zum Gehirn-Benutzer. 38. Aufl. Landsberg am Lech: mvg 2001, S.26.

[9] Hans Schachl: Was haben wir im Kopf? Die Grundlagen für gehirngerechtes Lernen. 2. Aufl. Linz: Veritas 1998.

[10] Peter Heitkämper: Mehr Lust auf Schule. Handbuch für innovativen und gehirngerechten Unterricht. Paderborn: Junfermann 1995.

ignoriert. Gehirn-gerechtes Lernen zeichnet sich außerdem dadurch aus, dass es Lernen nicht als simples Auffüllen leerer ‚Speicherplätze‘ betrachtet, sondern den komplexen und vielschichtigen Bedingungen des Lernens Rechnung trägt. Der Erziehungswissenschaftler Gerhard Friedrich fordert daher ganz richtig: Lehrer und Lehrerinnen brauchen grundlegende Kenntnisse in der Neurobiologie.[11]

----

[11] Vgl. Anm. 6.

3. Eine Brücke von der Neurowissenschaft zur Didaktik

Wer lehrt, sollte etwas vom Lernen und dem Organ des Lernens, dem Gehirn, verstehen[12]

Der ‚Kosmos' Gehirn wurde in den letzten Jahren dank trickreicher Messgeräte immer transparenter. Ständig neue Forschungserfolge enträtseln Schritt für Schritt das zentrale Organ des Lernens. Trotz aller neuen Erkenntnisse wissen wir dennoch, dass wir heute erst am Beginn dieser für das menschliche Leben so bedeutsamen und faszinierenden Forschung stehen. HirnforscherInnen haben in den letzten beiden Jahrzehnten das Wissen über unsere ‚Zitadelle', wie Charles Darwin das Gehirn einmal nannte, explosionsartig vermehrt. Nun steht die Schuldidaktik in der Verantwortung, dieses Wissen auch in ihre bestehenden Systeme und Modelle zu integrieren.

Welche konkreten Auswirkungen und Anregungen bieten diese neurobiologischen Erkenntnisse nun für den Unterricht, für das Lehren und Lernen? Dass die Wichtigkeit von Lernstrategien und der Vermittlung von Lerntechniken erkannt wurden, spiegelt sich bereits in den Lehrplänen wider. Der Verordnungstext der allgemein bildenden höheren Schulen (AHS) weist unter ‚Allgemeine didaktische Grundsätze' explizit darauf hin, dass die Vermittlung geeigneter Lerntechniken ein wichtiges allgemeines Bildungsziel darstellt.[13] Das Nürnberger-Trichter-Modell funktioniert schlichtweg nicht. Lernen ist ein viel komplexerer Prozess. Was jemand in einer Situation wahrnimmt, wird im Gehirn in jeder Situation neu konstruiert. Unser Gehirn lernt immer –

---

[12] Manfred Spitzer: Lernen. Gehirnforschung und die Schule des Lebens. Korr. Nachdr. Heidelberg, Berlin, Oxford: Spektrum 2003, S. 20.

[13] Aus dem „Allgemeinen Teil" (erster bis dritter Teil der Anlage A der Verordnung) des AHS-Lehrplans des österreichischen Bundesministeriums für Bildung, Wissenschaft und Kunst in seiner im Februar 2005 unter der Internet-Adresse URL: http://www.bmbwk.gv.at/ medienpool/11668/lp_ahs_ neu_allg.pdf, S. 6 elektronisch dokumentierten Form.

es kann gar nicht anders, als alles (Wichtige) um uns herum in sich aufzunehmen und zu verarbeiten.[14] SchulpädagogInnen haben leider viele Forschungsbereiche des Lernens an die Psychologie abgetreten, wie Ernst Begemann kritisch anmerkt.[15] Das hat dazu geführt, dass viele Lehrende nicht mehr wissen, wie ihre Schülerinnen und Schüler lernen.

Einige didaktische Unterrichtskonzepte wie ‚SchülerInnenzentriertheit' oder ‚Lebensnähe' weisen bereits in die Richtung eines dem menschlichen Gehirn entsprechenden Lernens. Durch jüngste neurobiologische Forschungsergebnisse werden sie weiter bestätigt und untermauert. Den Brückenschlag von der Neurowissenschaft zur Didaktik halte ich für durchaus praktikabel und sinnvoll. Der häufige Hinweis, Kinder seien vor allem Persönlichkeiten und nicht ‚nur Gehirne', ist für mich nachvollziehbar; dennoch widerlegt er nicht, dass Lehrende mit neurobiologischem Wissen einen menschengerechteren und somit gehirn-gerechteren Unterricht gestalten können. Für die enge Verflechtung von Neurobiologie und Didaktik existiert seit einigen Jahren auch der Begriff ‚Neurodidaktik'[16]. Für deren praktische Anwendung gibt es konkrete Ideen und Forderungen. Der Erziehungswissenschaftler Gerhard Friedrich fordert beispielsweise, dass die Neurobiologie in der LehrerInnenausbildung mindestens den gleichen Stellenwert erhalten sollte wie andere Lerntheorien.[17] Dem schließe ich mich vollends an. Erst jüngste, aus den ‚schiefen' Ergebnissen der PISA-Studie resultierende Diskussionen rund um eine Neugestaltung des schulischen Lernens und des gesamten Schulkonzepts zeigten, dass hier seriöse innovative Ansätze breite Zustimmung finden. So nennt selbst der PISA-Experte Günter Haider gehirn-gerechte Lernformen wie flexiblen fächerübergreifenden Unterricht oder vernetztes Lernen als Ziele für eine ‚Zukunftsschule'.[18]

---

[14] Vgl. Spitzer, Lernen, S. 11.

[15] Vgl. Ernst Begemann, Lernen verstehen, S. 41f.

[16] Gerhard Friedrich/Gerhard Preis: Lehren mit Köpfchen. In: Gehirn und Geist 4/02 (2002), S. 64.

[17] Vgl. Geo 10/04, S. 168.

[18] Das Reformpaket des PISA-Experten. In: News 5 (2003), S. 17.

Biologische Erklärungen für neue Ansätze bei Lernmethoden sind gegenwärtig durchaus en vogue. Häufig musste ich jedoch feststellen, dass in diesem ‚Boom' – Hans Schachl nennt ihn „Esoterik der Schule"[19] – auch fragwürdige Ansätze etwa aus der ‚New Age'-Bewegung als Wundermittel für Pädagoginnen und Pädagogen angepriesen werden. Ihnen sollte man daher mit entsprechender Skepsis begegnen.

---

[19] Schachl, Grundlagen, S. 7

4. Charakteristika eines gehirn-gerechten Unterrichts: Was bedeutet gehirn-gerechtes Lehren und Lernen?

Gehirn-gerechtes Lehren und Lernen schließt viele allgemein-pädagogische Aspekte mit ein, die ich für sehr wertvoll erachte, die in dieser Arbeit jedoch keine ausführlichere Behandlung finden können. Forderungen wie Pausen einzulegen, Entspannungsphasen zu fördern[20] oder die Transparenz der Lehr- und Lernziele wirken in diesem literaturdidaktischen Konzept des gehirn-gerechten Mittelalterunterrichts großteils nur im Hintergrund. Daher verweise ich an dieser Stelle auf die zehn allgemeinen Regeln für gehirn-gerechtes Lehren und Lernen von Hans Schachl.[21]

Die nun im Folgenden dargestellten Charakteristika eines gehirn-gerechten Mittelalterunterrichts sind speziell für den literaturdidaktischen Zugang ausgewählt.

4.1 Lernen mit beiden Gehirnhälften

Eine wichtige Forderung des gehirn-gerechten Lernens ist, beide Gehirnhälften beim Lernen gleichermaßen zu berücksichtigen. Wird eine Information simultan über beide Hemisphären übermittelt, sind beide Gehirnhälften aktiviert, was eine Effizienzsteigerung des Lernvermögens bewirkt. Daher ist es wichtig, Informationen auf möglichst verschiedenen Lernkanälen anzubieten. Das mehrkanalige Lernen[22] spricht mehrere Sinne an, Emotionen spielen dabei eine bedeutende Rolle.

Die beiden Gehirnhälften sollten jedoch nicht – wie dies oft getan wird – völlig getrennt voneinander gesehen werden. Denn die Vorstellung von quasi ‚zwei Gehirnen' stimmt so nicht, da beide Hemisphären

---

[20] Vgl. hierzu: Hubert Teml: Entspannt lernen. Stressabbau, Lernförderung und ganzheitliche Erziehung. 6. Aufl. Linz: Veritas 2001.

[21] Vgl. Schachl, Grundlagen, S. 8f.

[22] Mehrkanalig Lernen umfasst visuelle, auditive und kinästhetische Informationsaufnahme.

über den so genannten ,Balken', das *corpus callosum*, verbunden sind und nur im Zusammenspiel effektiv sein können. Mittlerweile hat die Forschung nachgewiesen, dass Sprachprozesse nicht ausschließlich in der linken Hemisphäre stattfinden.[23] Doch trotz dieser Zurücknahme spezifischer Lokalisierungen von Hirnleistungen in einer der Hemisphären gibt es eine hochrangige Spezialisierung beider Gehirnhälften.

Die Gehirnforschung weist uns also ganz klar den schon genannten Weg: Beide Hemisphären müssen beim Lernen angesprochen werden! Wie diese Forderung konkret im Unterricht, zum Beispiel durch die Darbietung unterschiedlicher Texte, Bilder, Filme oder Rollenspiele umgesetzt werden kann, skizziere ich im praktischen Teil der Arbeit.

4.2 Vernetztes Lernen

Der Geo-Redakteur Franz Mechsner weist in seinem Artikel *Die Lust am Wissen* auf Folgendes hin: „Moderne Didaktiken versuchen, die Kraft der Vernetzung mehr und mehr zu nutzen – etwa durch das ,Lernen mit allen Sinnen'"[24]. Doch nicht immer ist ganz klar, was dieses Vernetzen bzw. Verknüpfen von Informationen bedeutet. Gemeint sind damit die neuronalen Verbindungen, die miteinander zu Synapsen ,verknüpft' werden. Diese Synapsen sind die Grundlage für jedes Lernen bzw. für das Gedächtnis. Vereinfacht ausgedrückt: Je öfter sie benutzt werden – daher die Forderung nach Wiederholungen – umso ,stabiler' werden die neuronalen Netze.[25] Wenn zu einer Information, die wir wahrnehmen, bereits Fäden im Wissensnetz existieren, vernetzen und integrieren wir diese weiter. Diese Erkenntnis wird im praktischen Teil dieser Arbeit relevant sein, denn das Wissen, das die SchülerInnen vom *Herrn der Ringe*, von PC-Spielen oder Mittelalterverfilmungen mitbringen – und sei es auch ein irreführendes Mittelalterbild, das noch zu hinterfragen sein wird –, kann durchaus mit dem *Nibelungenlied* verbunden werden.

---

[23] Vgl. ebda., S. 26f.

[24] Franz Mechsner: Die Lust am Wissen. In: Geo 11 (2004), S. 180.

[25] Vgl. Manfred Spitzer: Geist im Netz. Modelle für Lernen, Denken und Handeln. Heidelberg, Berlin, Oxford: Spektrum 1996.

Entscheidend sind Vorkenntnisse und Verknüpfungsmöglichkeiten, insbesondere beim erstmaligen Wahrnehmen von Informationen: „Erinnert ein neuer Sachverhalt beispielsweise an etwas Interessantes oder Erfreuliches, aktiviert das Gehirn alle damit irgendwie in Zusammenhang stehenden Nervennetze."[26] Auch in den ‚Allgemein didaktischen Grundsätzen' des AHS-Lehrplans wird das „Anknüpfen der Unterrichtsprozesse an Vorkenntnisse und Vorerfahrungen der Schülerinnen und Schüler"[27] empfohlen.

In der Unterrichtspraxis bedeutet vernetztes Lernen, möglichst viele Querbezüge zwischen einzelnen Themen und somit auch Unterrichtsfächern herzustellen. Fächerübergreifender Unterricht mit Geschichte, Querverbindungen zu Religion und Kunst oder fächerübergreifende Projekte bieten sich hier an. Zielführendes, gehirn-gerechtes Lernen bedeutet folglich nicht, schlicht Fakten und Regeln ‚anzuhäufen', sondern (bestehende) Wissensnetze zu erweitern. Ein Beispiel dafür wäre etwa das ‚Brainstorming': Suchprozesse laufen schneller ab, wenn die effiziente Vernetzung besteht.

Zusammenfassend auf den Punkt gebracht: „Es geht nicht um ein einzelnes Faktum, sondern um die Verknüpfung des neu zu Lernenden mit bereits bekannten Inhalten und die Anwendung des Gelernten auf viele Situationen und Beispiele."[28]

4.3 Dem Lernen einen persönlichen und sozialen Sinn geben

Elisabeth Schwarzgruber hat bereits vor einigen Jahren in ihrer Diplomarbeit vorgeschlagen, dass die Auswahl des Textmaterials für den Literaturunterricht „vorzugsweise von aktuellen Anknüpfungspunkten an die jeweilige Schülersituation"[29] beeinflusst werden sollte.

---

[26] Gerhard Friedrich/Gerhard Preis: Lehren mit Köpfchen. In: *Gehirn und Geist* 4 (2002), S. 67.

[27] URL: http://bmbwk.gv.at/medienpool/11668/lp_ahs_neu_allg.pdf, S. 5.

[28] Spitzer, Lernen, S. 161.

[29] Elisabeth Schwarzgruber: Mittelalterliche deutschsprachige Literatur in der Schule. Entwurf einer impulsbezogenen, themaorientierten Literaturdidaktik unter beson-

Dafür wären ‚neutrale' Anknüpfungspunkte alleine nicht genug, sie müssen vor allem auch einen essenziellen persönlichen und sozialen Sinn für die SchülerInnen beinhalten. Es existieren wahrscheinlich gewisse ‚kollektive' Anknüpfungspunkte wie ‚Liebeskummer' oder ‚Vater-Sohn/Mutter-Tochter-Konflikte', durch die die meisten Jugendlichen emotional berührt werden.

Oft wissen Lernende gar nicht, wozu sie bestimmte schulische Inhalte jemals gebrauchen werden, warum der Unterrichtsstoff Relevanz für ihr Leben oder für ihren späteren beruflichen Werdegang haben soll. Mit dieser Problematik sollten sich alle PädagogInnen auseinander setzen und sie auch in der Schule transparent machen. Warum sollten sich SchülerInnen für mittelalterliche Texte interessieren? Haben HeldInnen eine Bedeutung in ihrem Leben? Oder jugendlicher formuliert: Was ist ‚cool' an Siegfried oder Brünhild? Ich bin davon überzeugt, dass die Frage nach der Relevanz und dem persönlichen Sinn von Wissen neben einer zeit- und lebensnahen Themenwahl ein wichtiger Schlüssel zu mehr Interesse an Lehrinhalten ist. Unbestritten versteht und lernt das Gehirn umso besser, je mehr existenzielle Anknüpfungspunkte es zu einem Thema herstellen kann. Das Mittelalter – Gleiches gilt natürlich genauso für die Barockzeit oder die Romantik – muss SchülerInnen berühren und betreffen – warum sollten sie sich sonst darauf einlassen? Die beste Bedingung und Voraussetzung für lebenslanges, gehirngerechtes Lernen ist daher „existentiell betroffen"[30] zu sein. Hier spielt auch der biografische Zusammenhang eine ausschlaggebende Rolle.[31] Wenn den SchülerInnen relevante Beziehungen von mittelalterlicher Literatur zu ihrem Leben aufgezeigt werden, dann natürlich in der Hoffnung, dass sie sich im Unterricht und vielleicht auch später bereitwillig auf mittelalterliche Literatur einlassen werden.

Beim Versuch, Lerninhalten existentielle Bedeutung zu verleihen, besteht die Herausforderung darin, für SchülerInnen mit unterschied-

---

derer Berücksichtigung des *Frauendienstes* von Ulrich von Liechtenstein. Graz, Univ., Dipl.-Arb. 1998, S. 21.

[30] Begemann, Lernen verstehen, S. 41.

[31] Vgl. ebda., S. 98.

lichsten Lebenserfahrungen, verschiedensten Interessen und Hobbys trotzdem Gemeinsamkeiten herauszufiltern. Nicht jede Schülerin wird sich beispielsweise für Helden oder Schlachten begeistern können. Die Harvard-Psychologin Ellen J. Langer schlägt vor, die Ideen des jeweiligen Bereiches so zu modifizieren oder zu interpretieren, dass ihre Beziehung zu den Lebensbereichen und Interessen der meisten SchülerInnen leicht erkennbar wird.[32] Damit darf jedoch keine ‚Vergewaltigung‘ des Textes gemeint sein. Den Genderaspekt aufzugreifen, bedeutet etwa für das *Nibelungenlied* die besondere Berücksichtigung der Heldinnen. Gerade die beiden Figuren Kriemhild und Brünhild eignen sich ausgezeichnet für Reflexionen über Heldinnen, deren soziale Stellung und Machtposition. Ebenso können die ‚Inszenierung des männlichen oder weiblichen Körpers‘ Auskunft über Geschlechterverhältnis und Geschlechterrolle geben, die sich mit denen unserer Zeit kontrastieren lassen.

Dass SchülerInnen das Gelernte mit eigenen Erfahrungen verknüpfen, ist nach Manfred Spitzer keine ‚Kann-Bestimmung‘, denn wenn die SchülerInnen es nicht schaffen, die Inhalte, um die es in der Schule geht, mit ihrer ganz individuellen Lebenserfahrung in Verbindung zu bringen, werden sie letztlich wenig lernen.[33]

4.4 Emotionen beim Lernen beachten

Wie die Gehirnforschung in den letzten Jahren herausgefunden hat, sind Emotionen nicht nur Begleiterscheinungen, sondern bedeutende „Fundamente des Denkens"[34]. Angst etwa hemmt kreatives und freies Denken massiv, das Mitlernen der begleitenden (negativen) Emotionen schränkt uns in unserem Lernen kontinuierlich ein: „Durch Angst und Stress wird der Weg der Informationen ins Gedächtnis behindert."[35]

---

[32] Vgl. Ellen J. Langer: Kluges Lernen. Sieben Kapitel über kreatives Denken und Handeln. Hamburg: Rowohlt 2001, S. 78.

[33] Vgl. Spitzer, Lernen, S. 416.

[34] Franz Mechsner: Wie das Wissen in den Kopf kommt. In: Geo 10 (2004), S. 166.

[35] Schachl, Grundlagen, S. 9.

„Alles, was beim Lernen Freude macht, unterstützt das Gedächtnis"[36], wusste bereits Johann Amos Comenius im 17. Jahrhundert. Lernfreude und Motivation beeinflussen den Lernerfolg auf erstaunliche Weise. Positive Gefühle sind durch abwechslungsreichen Unterricht mit Musik, Bildern oder Filmausschnitten erreichbar. Sicherlich spielt auch das Bemühen um eine angenehme Lernatmosphäre ohne permanenten Bewertungsdruck oder stetig aufflackernde Klassenkonflikte eine Rolle. Meist assoziieren wir mit Arbeit und Lernen Belastung, Terminfristen, die Möglichkeit von Misserfolg. Ellen J. Langer, Professorin für Psychologie an der Harvard University, warnt vor dem „Konzept der aufgeschobenen Bedürfnisbefriedigung"[37] und der damit verbundenen Erwartung, Lernen sei anstrengend und mache keinen Spaß. In einigen Unterrichtsbeispielen macht es deshalb Sinn, den spielerischen Charakter zu forcieren. Speziell in der Unterstufe lohnt es sich, manche Unterrichtsinhalte spielerisch zu vermitteln. Und da der *Herr der Ringe* fast immer mit positiven Gefühlen verbunden ist – er wurde meist schon außerhalb des Schulunterrichts freiwillig gelesen oder als Kinofilm gesehen –, unterstützt er diesen Prozess. Vergessen darf man jedoch nicht, dass reines Infotainment wenig dauerhafte Spuren hinterlässt: „Es ist die aufmerksame Beschäftigung, welche nachhaltiges Lernen ermöglicht."[38]

Der Einfluss von positiven Gefühlen auf Denken und Verhalten lässt sich auch psychologisch untersuchen. Barbara L. Fredrickson, Direktorin am Institut für Psychophysiologie an der Universität von Michigan, hat dies in Experimenten erforscht und kommt zu folgendem Schluss: „Kreativität ist also nicht nur eine Frage der individuellen Begabung, sondern auch der richtigen Stimmung."[39]
In diesem Zusammenhang ist das Wissen um einige physiologische Hintergründe nützlich. Mittlerweile ist bekannt, dass der entscheidende

---

[36] Preiss/Friedrich: Köpfchen, S. 68.

[37] Langer, Lernen, S. 57.

[38] Mechsner, Wissen, In: Geo, 10/04, S. 188.

[39] Fredrickson, Barbara L.: Glücksforschung. Die Macht der Gefühle. In: Gehirn und Geist 6 (2003), S. 40.

neurobiologische Bereich für Gefühle das limbische System ist. [40] Es fungiert als eine Art ‚Gefühlszentrale', und als solche ist es maßgeblich an Lernvorgängen beteiligt. Hans Schachl betont die Wichtigkeit des limbischen Systems durch dessen umfassende Vernetztheit und beschreibt die unterschiedlichen Funktionen desselben wie folgt:[41]

- Das limbische System ist das übergeordnetes Steuerzentrum für vegetativ-hormonelle Vorgänge;
- es regelt und koordiniert die Körperrhythmen (Wach-Schlaf-Zyklus);
- es ist verantwortlich für Motivation und Emotion (‚Emotional-Hirn');
- es spielt bei der Informationsverarbeitung eine wichtige Rolle.

Das ‚traditionelle' Schulsystem habe laut Schachl bisher der Rolle der Gefühle zu wenig Aufmerksamkeit geschenkt; die Berücksichtigung der Gefühle beim Lernen sei ein wesentlicher Bestandteil des gehirngerechten Lernens.[42]

4.5 Vielschichtige Informationsvermittlung, aktive Wissenserarbeitung

Je vielschichtiger Informationen vermittelt werden, desto besser bleiben sie im Langzeitgedächtnis haften [43]

---

[40] Vereinfacht ausgedrückt, umfasst das limbische System Teile des Mittel- und Zwischenhirns sowie die unteren Abschnitte des Großhirns.

[41] Vgl. Schachl, Grundlagen, S. 17

[42] Hans J. Markowitsch, Professor für Physiologische Psychologie an der Universität Bielefeld, betont, dass es noch einige ungeklärte Fragen – wie etwa die Synchronisation von Motiven und Emotionen im limbischen System – gibt, etwa warum wir Dinge viel leichter lernen, sie uns interessieren oder unmittelbar berühren. Vgl. hierzu: Hans J. Markowitsch: Neuropsychologie des menschlichen Gedächtnisses. In: Spektrum der Wissenschaft. Digest: Rätsel Gehirn 4 (2004), S. 60.

[43] Preiss/Friedrich: Köpfchen, S. 69.

Bekanntlich sind aktive Wissensverarbeitung und vielschichtige Informationsvermittlung fundamental für das Lernen. Nach Vera Birkenbihl ist es sogar so, dass bei rein ‚passivem Konsumieren' Lernen neurologisch fast unmöglich ist.[44] SchülerInnen sollten sich daher den Lernstoff so oft wie möglich selbst erobern dürfen.[45] Außerdem sollten Lehrende endlich aufhören, in der Schule als ‚Tonbandgerät' zu fungieren. Aus meiner eigenen Schulzeit kann ich mich am besten an Situationen erinnern, in denen ich alleine bzw. in einer Gruppe im Rahmen verschiedener Projekte Aufgabenbereiche selbst erforscht habe. Dabei hat es keine Rolle gespielt, wie viele Stunden für die Umsetzung oder Präsentation in der Freizeit investiert werden mussten.

Die Forderung nach selbsttätiger Wissensaneignung weist sehr viele Ähnlichkeiten mit den produktionsorientierten Ansätzen der Literaturdidaktik auf, wo SchülerInnen nicht nur rezeptiv (hörend und lesend) und analysierend-interpretierend mit Literatur umgehen, sondern selbst gestaltend tätig werden.[46] Weiters gibt es viele Parallelen zu handlungsorientierten Methoden[47], die kreative und kognitive SchülerInnenaktivitäten wie Collagen, Gegentexte oder fiktive Streitgespräche verbinden.

Eine aktive Wissenserarbeitung – der AHS-Lehrplan (allgemeines Bildungsziel) nennt es „lebensbegleitende[s] Lernen[ ] zur selbstständigen, aktiven Aneignung, aber auch zu einer kritisch-prüfenden Auseinandersetzung mit dem verfügbaren Wissen"[48] – und damit verbunden eine vielschichtige Informationsvermittlung bedeutet mittelalterliche Texte laut vorzutragen, SchülerInnen Eigen- und Umdich-

---

⁴⁴ Vgl. Vera Birkenbihl: Trotzdem Lehren. Offenbach: Gabal 2004, S.227.

⁴⁵ Auch der berühmte deutsche „Lehrer-Lehrer" Heinz Klippert fordert beispielsweise zwei Drittel SchülerInnen-Arbeit in den Klassen; nachzulesen bei: ebda., S. 227.

⁴⁶ Vgl. Franz Ringeler: „Tandaradei, was ist da groß bei, ein Mädchen zu lieben, ihr Wärme zu geben?" Einige Gedanken zu Walther von der Vogelweide im gymnasialen Deutschunterricht. In: Walther von der Vogelweide: Beiträge zu Produktion, Edition und Rezeption. Hrsg. von Thomas Bein. Frankfurt am Main u. a.: Lang 2002. (=Walther-Studien. 1.) S. 346f.

⁴⁷ Vgl. Jentzsch, Begegnungen, S. 44f.

⁴⁸ URL: http://www.bmbwk.gv.at/medienpool/11668/lp_ahs_neu_allg.pdf, S. 2.

tungen ausprobieren zu lassen, Szenen selber zu spielen, neu zu interpretieren oder selber zu verfilmen – also ein sinnliches Weiterverarbeiten und Nachvollziehen mittelalterlicher Texte. Ähnlich beschreiben es Martina und Franz Mittendorfer: „Wir wollen, dass unsere SchülerInnen ‚lustbetont' lernen, und haben daher versucht, ‚konkretes' Material zu erstellen, das unterschiedliche Sinne anspricht und so auch den verschiedenen Lerntypen entgegenkommt."[49]

Manfred Spitzer bringt es auf den Punkt: „Je bunter und bewegter, je lustiger und spielähnlicher, je interaktiver und leibhaftiger diese zu lernenden Inhalte dargeboten würden, desto besser würde gelernt."[50]

---

[49] Martina und Franz Mittendorfer: Wie Mittelalter lebendig unterrichten? Ein Modell und seine Realisierung. In: Informationen zur Deutschdidaktik. Zeitschrift für den Deutschunterricht in Wissenschaft und Schule 25 (2001), H. 3 (Mittelalter), S. 105.
[50] Spitzer, Lernen, S. 2.

5. Warum ältere Literatur einen festen Platz im Deutschunterricht haben muss

Das Mittelalter in der angeblich so fernen, dunklen Vergangenheit schien nicht zuletzt wegen des ideologischen Missbrauchs während der Naziherrschaft[51] lange Zeit versunken. Erst seit den 80er Jahren – vielleicht kann man Umberto Ecos Mittelalterroman *Der Name der Rose* von 1980 (italienische Erstausgabe, auf Deutsch 1982) als belletristischen und die große Stuttgarter Staufer-Ausstellung 1977 als fachbezogenen Startschuss sehen – herrscht wieder ein verstärktes Interesse am Mittelalter samt seiner Literatur, Kultur und Geschichte. In den letzten Jahren wurde das Mittelalter immer präsenter, und mittlerweile kann schon fast von einem ‚Mittelalterboom' gesprochen werden. Das beweisen sowohl zahlreiche wissenschaftliche als auch populärwissenschaftliche Publikationen. Selbst eine eigene Sparte deutschsprachiger Literatur wendet sich dem Mittelalter zu, greift auf, was aus alten Zeiten überliefert ist oder formuliert neu.[52] Erinnert sei an Tankred Dorsts Drama *Merlin*, Adolf Muschgs Roman *Der rote Ritter*, an Dieter Kühns Arbeiten über zahlreiche mittelalterliche Stoffe oder an die noch umsatzstärkeren Bestsellertitel des englischsprachigen Buchmarkts. Auch der Nibelungenstoff, als Beispiel für diesen Trend, diente zahlreichen literarischen Veröffentlichungen als Vorlage.[53]

Diese Mittelalterbegeisterung zieht weite Kreise: Ob im Film („King Arthur", „Königreich der Himmel", „Henker", „Die Nibelungen – Der

---

[51] Vgl. Rüdiger Krohn: Aufbrüche in die Vergangenheit zur Gewinnung der Zukunft. Wellen und Wandlungen der Mittelalter-Rezeption. In: Mitteilungen des Deutschen Germanistenverbandes 45 (1998), H. 1-2, S. 154f.

[52] Vgl. Ina Karg: Mittelalter ohne Ende? Aktualität und Geschichtlichkeit einer (nicht immer) populären „Epoche". In: Informationen zur Deutschdidaktik. Zeitschrift für den Deutschunterricht in Wissenschaft und Schule 25 (2001), H. 3 (Mittelalter), S. 42.

[53] Nur einige Beispiele: V. Brauns Stück *Siegfried Frauenprotokolle Deutscher Furor* (1986), J. Lodemanns Romane *Siegfried* (1986) und *Siegfried und Kriemhild* (2002), M. Köhlmeiers Neudichtung *Die Nibelungen neu erzählt* (1999) oder R. Rinkes Bühnenstoff *Die Nibelungen* (2002).

Fluch des Drachen", „Die Nibelungen – Liebe und Verrat", „Die Nebel von Avalon", „Merlin" etc.), in der Musik (Vangelis, zahlreiche Mittelalterensembles wie das 1982 gegründete Salzburger Ensemble für alte Musik Dulamans Vröudenton), in Comics (herausragend „Das dritte Testament"), in Burgmuseen oder Trödlermärkten (von Wikingerkleidung bis zu magisch-mystischen Runen), in Mittelalter-, Ritter-, und Spielmannsgruppen, und nicht zuletzt in der Videospielbranche („Stronghold", „Crusader Kings", „Heroes of Might and Magic", „Knights and Merchants", „Medieval: Total War" etc.), im Cyberspace und in der Rollenspielwelt – (pseudo-)mittelalterliche HeldInnen sind allgegenwärtig und werden unermüdlich für kommerzielle Zwecke benutzt. Und nicht zuletzt zeigte der Erfolg der drei oscargekrönten *Herr der Ringe*-Verfilmungen, welch große Sehnsucht nach einer mittelalterlichen oder zumindest mittelalterähnlichen ‚Gegenwelt' existiert, die die ZuseherInnen aus ihrem Alltagsleben entführt. Diese ‚Entführung' – sie wird mancherorts auch als ‚Flucht vor dem Alltag' bezeichnet – ist ein wesentlicher Grund, warum das Mittelalter eine verstärkte Wiederentdeckung erlebt. Denn am Beginn des 21. Jahrhunderts empfinden es viele Menschen als ‚Verschnaufpause' von E-Mail-Viren und Globalisierungsfallen, in eine Welt vor tausend Jahren einzutauchen.

Welche Schlüsse zieht die Mittelalterdidaktik aus dieser gesellschaftlichen Entwicklung? Die im Zusammenhang mit dem ‚Mittelalterboom' genannten Beispiele zeigen, dass sich Jugendliche sehr wohl für das Mittelalter, oder was sie für das Mittelalter halten, interessieren. Diese Faszination kann und soll durchaus als Basis für den Schulunterricht genutzt werden. Als Strategie empfiehlt sich eine vernetzte, vielschichtige Informationsvermittlung mit Anknüpfung an die Lebenswelt der SchülerInnen – gehirngerechtes Lernen. Warum also nicht darauf verweisen, dass es auch in mittelalterlicher Literatur Ungeheuer, Zauberinnen und Zauberer, Zaubersprüche, sprechende Tiere oder magische Schwerter gibt? Der Weg vom und durch den *Herrn der Ringe* zum *Nibelungenlied* ist erstaunlich einfach.

Bei aller Begeisterung über diese Möglichkeiten möchte ich nochmals anmerken, dass hier nicht gemeint ist, durch zeitgenössische Darstellungen oder (Neu)Dichtungen (pseudo-)mittelalterlicher Stoffe die originalen Werke zu verdrängen oder auszubooten. Was gemeinhin als Mittelalter dargestellt wird, ersetzt die Lektüre mittelalterlicher Texte nicht. Es handelt sich vielmehr um eine Verbindung und vielleicht sogar Aufwertung, aber nicht um eine Reduktion zu Lasten mittelalterlicher Literatur.

5.1 Problematische Mittelalterbilder

Viele der für kommerzielle Zwecke präsentierten Mittelalterbilder bedürfen einer Reflexion und Begutachtung. Das Interesse am Mittelalter ist heute nicht mehr rein historisch, das Mittelalter dient mittlerweile mehr denn je als „narrativer Resonanzraum"[54]. Die historische Wirklichkeit erscheint in vielen ‚Wiederbelebungsversuchen' meist grob verzerrt und vereinfacht, althergebrachte Vorurteile werden weiter zementiert. Begibt man sich auf die Spuren des Mittelalters im Cyberspace, finden sich etwa Internetseiten mit reinem Informationsgehalt, Interessengemeinschaften, die sich ausschließlich mit dem Mittelalter beschäftigen, oder zahlreiche Spielangebote bzw. Multiplayerspiele. Abgesehen von einigen wenigen Seiten, die von wissenschaftlicher Seite angeboten werden (z. B. www.mediaevum.de), sind im Internet überwiegend Mittelalterdarstellungen aus der ‚Fantasyliteratur' oder aus Mittelalterfilmen zu beobachten.[55] Das präsentierte Bild des Mittelalters erinnert eher an Vorstellungen aus dem 19. Jahrhundert und sollte keineswegs unreflektiert im Unterricht eingesetzt werden. Auch in den immer beliebteren Mittelalter-Computerspielen wird letztlich ein verzerrtes, an Bilder der Romantik erinnerndes Mittelalter gezeichnet, das meist als eine künstliche Welt mit mittelalterlichem Anstrich inszeniert wird. Außerdem bekommen die SpielerInnen häufig ausschließlich die imperialistisch ‚abendländische' Sichtweise des

---

[54] Bert Rebhandl: Moderne Kreuzzüge. In: Der Standard (Album) vom 26. 11. 2005, S. A2.

[55] Vgl. Lydia Miklautsch: Das Mittelalter im Cyberspace. In: Informationen zur Deutschdidaktik. Zeitschrift für den Deutschunterricht in Wissenschaft und Schule 25 (2001), H. 3 (Mittelalter), S. 48.

Mittelalters (z. B. bei Spielen in der Kreuzzugszeit) vermittelt. Selbst Computerspiele historischen Inhalts und pädagogischer Zielsetzung tappen oft „in die Falle des Anachronismus"[56]. Lydia Miklautsch schlägt deshalb vor, diese überaus beliebten simulierten Mittelalterwelten bewusst zu hinterfragen, sie beispielsweise im Rahmen fächerübergreifenden Projektunterrichts nach Inhalten und Wertvorstellungen zu durchleuchten und sie auf diese Weise kritisch in den Unterricht mit einzubeziehen.[57]

Andrea Hofmeister und Marlies Breuss fordern in diesem Zusammenhang außerdem zu Recht: „Die Schule als wichtigste Bildungsinstanz unserer Gesellschaft kann und soll hier Aufklärungsarbeit leisten."[58] Ich sehe es auch als eine zeitgemäße Herausforderung des Deutschunterrichts, die Fähigkeit zu schulen, konsumierte Bilder und Mythen kritisch zu reflektieren. Ich stimme der pointierten Aussage Jan-Dirk Müllers zu, der betont, wie fatal es wäre, die „nächste Generation der Manipulation durch die Planer und Kanalisatoren der Mythen- und Bilderflut preiszugeben"[59]. Nicht zuletzt den LehrerInnen muss dabei während ihrer Ausbildung das nötige ‚Handwerkszeug' beigebracht werden.

5.2 ‚Mittelalterboom' und Mediävistik

Wenn Hartmut Kugler befürchtet, „[d]er wilde Mittelalterboom und die zivilisierte Mittelalterflaute stehen einander gegenüber wie zwei fremde Kulturen"[60], dann kann ich nur bedingt zustimmen, da ich im Zusammenhang mit dem ‚Mittelalterboom' auch eine Chance für die

---

[56] Miklautsch, Cyberspace, S. 50.

[57] Ebda., S. 54f.

[58] Marlies Breuss/Andrea Hofmeister: Mittelalterliche Literatur für coole Kids. In: Didaktoskop. Sonderbeilage zur Unizeit. Das Forschungsmagazin der Universität Graz 1 (2006), S. 16.

[59] Jan Dirk Müller: Mittelalterliche Literatur. In: Didaktik Deutsch 1 (1996), H. 1, S. 54.

[60] Hartmut Kugler: Mediävistik-Memoria-Management. In: Mitteilungen des Deutschen Germanistenverbandes 45 (1998), H. 1-2, S. 130.

Mediävistik sehe. Dieser ‚wilde Mittelalterboom‘, wie Krüger ihn beschreibt, kann der Mediävistik sogar als Argument für eine verstärkte Rolle der mittelalterlichen Literatur an Schulen und Universitäten dienen. So schätzt es auch der Mediävist Karl Brunner ein: „Für uns Mediävisten ist das eine positive Sache, weil wir wieder einmal wahrgenommen werden. Die negative Seite: Wir haben ständig mit Klischees und Rückprojektionen zu tun.“[61] Das Phänomen des ‚Mittelalterbooms‘ verlangt also mehr denn je nach sachkundiger Begleitung und Aufarbeitung an den Bildungseinrichtungen. Ebenso erfordert die Umsetzung von mediävistischem Spezialwissen in populäre Darstellungsformen – von Scientainment über Edutainment bis hin zu Infotainment – fachkundige Unterstützung. Die MediävistInnen sind somit aufgerufen, sich diesen neuen Vermittlungsformen zu öffnen, sie zu begleiten, ohne sich gleichzeitig zu weit von ihrem Fach zu entfernen. Dass der gewagte Schritt von der Fachwissenschaft in die Öffentlichkeit funktionieren kann, durfte ich hautnah als Studienassistent meines Lehrers Wernfried Hofmeister miterleben. Die in seinen Projekt-Seminaren[62] erarbeiteten Inhalte wurden hier im Rahmen einer Ausstellung unter dem Titel „Heute roth, morgen todt. Unser ‚Sterben‘ im Spiegel von Sprache und mittelalterlicher Dichtung“ im Juni 2004 in der Grazer Stadtpfarrkirche

---

[61] Katharina Santner: Romantische Ideen und Projektionen. Der Mediävist Karl Brunner über gängige Klischees und steile Thesen zum Mittelalter. In: Der Standard (Album) vom 26. 11. 2005, S. A3.

[62] „Literarische Sterbekultur des Mittelalters“ (literaturwissenschaftliches Seminar) und „Das Wortfeld ‚sterben‘ diachron“ (sprachwissenschaftliches Seminar), beide Lehrveranstaltungen abgehalten im SS 2004. – Über diese Unterrichtsform sowie über ähnlich öffentlichkeitsbewusste Lehrinitiativen informiert (aus historisch-methodologischer Sicht) folgender Beitrag von Wernfried Hofmeister: Vom „Salon-Seminar“ zum öffentlichen Seminar-Projekt. „Alte“ und „neue“ Methoden der Vermittlung literaturwissenschaftlicher Inhalte, verdeutlicht am Beispiel der germanistischen Mediävistik an der Karl-Franzens-Universität in Graz. In: Hochreiter u. Ursula Klingenböck (Hrsg.): Literatur – Lehren – Lernen. Hochschuldidaktik und germanistische Literaturwissenschaft. Wien, Köln u. Weimar: Böhlau 2006, S. 157–172.

der Öffentlichkeit präsentiert und außerordentlich positiv aufgenommen.[63]

Ohne den Mut, mediävistisches Fachwissen einer breiteren Öffentlichkeit vorzustellen und dadurch eine gewisse mediale und gesellschaftliche Aufmerksamkeit zu erreichen, wird sich der Fachbereich im ‚neoliberalen Bildungssturm' schwer behaupten können. Zweifellos konfrontiert der ‚Mittelalterboom' die Mediävistik mit einigen Herausforderungen. Gleichzeitig ergeben sich bei einer behutsamen Öffnung aber auch ungeahnte Möglichkeiten sowie neue Tätigkeitsfelder.

5.3 Universitärer ‚Reiseproviant' für den Unterricht

„Die gesellschaftliche Wertschätzung unseres literaturhistorischen Faches hat viel mit dessen Verankerung im gymnasialen Unterricht zu tun."[64] Dies gilt für den Deutschunterricht auch in Hinblick auf ein nachhaltiges Interesse an der Kunst und Kultur des Mittelalters bzw. an der germanistischen Mediävistik. Leider spielt die mittelalterliche Literatur in ihm gemäß den derzeitigen Lehrplänen aber nur mehr eine marginale Rolle,[65] ja fristet sie nach Ina Kargs Einschätzung allenfalls ein Randdasein.[66] Eine Ursache dafür ist zweifellos, dass DeutschlehrerInnen selbst mit dem Mittelalter und der mittelalterlichen Literatur

---

[63] Die begeisterten Rückmeldungen der interessierten BesucherInnen verdeutlichten, dass dieses Projekt als erfolgreiches Beispiel für den Transfer von Fachwissen aus dem ‚Elfenbeinturm' in die Öffentlichkeit umgesetzt wurde. Die Ausstellung und die Seminarergebnisse sind unter http://sterbekultur.uni-graz.at zu begutachten; wie hier dokumentiert ist, wurden die ‚realen' Schautafeln u.a. im Bildungshaus St. Hippolyt in St. Pölten (Niederösterreich) gezeigt.

[64] Wernfried Hofmeister: Mittelalterliche Literatur zwischen Forschung und Schule. Fachdidaktische Perspektiven am Beispiel der Dichtung Ulrichs von Liechtenstein. In: Jahrbuch der Oswald von Wolkenstein Gesellschaft. 15 (2005), S. 211.

[65] Vgl. Werner Wunderlich: Nibelungenpädagogik. In: Die Nibelungen. Sage – Epos – Mythos. Hrsg. von Joachim Heinzle, Klaus Klein und Ute Obhof. Wiesbaden: Reichert 2003, S. 357 sowie Müller, Jan Dirk: Mittelalterliche Literatur. In: Didaktik Deutsch (1996), H. 1, S. 53.

[66] Vgl. Karg, Kooperation, S. 9.

oft zu wenig vertraut sind. Dieser Wissensmangel und die immer noch vorherrschenden Vorurteile über diese ferne, ‚dunkle' Zeit verhindern schon von Vornherein das Gelingen des ‚Funkenüberspringens' von den Lehrenden auf die SchülerInnen. Dies stellte Walter Raitz bereits Anfang der 90er Jahre fest:

> Mir scheint, daß eine deutliche Abstinenz der germanistisch-mediävistischen Fachwissenschaft gegenüber Aus- und Weiterbildungserfordernissen für Deutschlehrer und Deutschlehrerinnen sowie eine notorische Distanziertheit gegenüber fachdidaktischer Problematik überhaupt ebenfalls ein wesentlicher Grund für das zurückhaltende schulische Interesse an der deutschen Literatur des Mittelalters ist.[67]

Ich möchte dieses Urteil ein wenig abmildern, da die bundesdeutschen Verhältnisse meiner Meinung nach mit denen in Österreich nicht völlig übereinstimmen.[68] Dennoch zeigt Raitz einen wesentlichen Punkt auf: Tatsächlich sind nämlich die fachliche und die fachdidaktische LehrerInnenausbildung von maßgeblicher Bedeutung. Die fachdidaktische Ausbildung an der Universität – und sie bleibt hoffentlich dort – muss für Anregungen und Wissen der zukünftigen LehrerInnen sorgen und diese durch fundiertes, gut aufbereitetes Fachwissen vorbereiten bzw. begleiten. Eine intensivere Zusammenarbeit zwischen Schulpraxis und Fachwissenschaft wird schon seit Längerem etwa von Fachdidaktikerinnen wie Ina Karg und Siegrid Schmidt gefordert.[69] Wie bereits im Vorwort erwähnt, konnte ich selbst

---

[67] Walter Raitz: Ein Relikt mit Zukunft? Deutsche Literatur des Mittelalters im Unterricht. In: Der Deutschunterricht 44 (1992), H. 2, S. 4.

[68] So sind etwa Franz V. Spechtler und Günther Bärnthaler (beide Salzburg) bekannte Exponenten dieses Arbeitsbereiches von schulischen Vermittlungspraktiken und universitärer Lehre und Forschung. Die Grazer Bemühungen um eine enge Verknüpfung von Schuldidaktik und Universität hatte ebenfalls Einfluss auf die Studienplanreformen. Nachzulesen unter http://www-gewi.uni-graz.at/deuph/index.html [Stand 2006-03-01].

[69] Schmidt, Siegried: König Artus – Vom Mittelalter über die Bühne ins Klassenzimmer. Eine Projektbeschreibung. In: Fächerübergreifender Literaturunterricht:

ein mittlerweile fix im Studienplan verankertes Pilotprojekt miterleben, in dem der Brückenschlag zwischen germanistischer Mediävistik mit Fachdidaktik am Beispiel des steirischen Dichters Ulrich von Liechtenstein erprobt wurde; worüber man also an anderen Universitäten im Jahr 2002 vielleicht noch gar nicht nachzudenken wagte, konnte in Graz zur selben Zeit bereits erfolgreich umgesetzt werden.[70]

Wenn angehende Lehrende negative Erlebnisse oder überhaupt keine Erfahrungen mit Mittelalterliteratur an der Universität machen, werden sie dieser Epoche im Deutschunterricht sicherlich wenig Raum geben. „Soll mittelalterliche Literatur im eigenen Unterricht überleben, müßte der akademische Reiseproviant schon in der Universität auch didaktisch orientiert zubereitet werden."[71] Dass der Dialog zwischen Fachwissenschaft und Schule leider häufig belastet ist oder schlicht nicht funktioniert, blockiert viele positive Entwicklungen.[72] Grundbedingung für ein intensiveres Kennenlernen mittelalterlicher Literatur und Kultur an der Universität ist natürlich auch eine ausreichende Gewichtung der Mediävistik im Germanistikstudium.[73] Falls dem Verschwinden mittelalterlicher Literatur aus dem Deutschunterricht (zugunsten der Gegenwartsliteratur oder der Sprachausbildung) nicht entgegengewirkt werden kann, wird das mittelfristig auch auf die germanistische Mediävistik an den Universitäten zurückfallen, da die altgermanistische Disziplin schon durch die universitäre Lehramtssausbildung eng mit der

---

Reflexion und Perspektive für die Praxis. Hrsg. von Günther Bärnthaler und Ulrike Tanzer. Innsbruck, Wien: Studien-Verlag 1999. (=ide extra 5) S. 184 - 203.

[70] Vgl. Anm. 1.

[71] Jentzsch, Begegnungen, S. 47.

[72] Vgl. Karg, Kooperation, S. 12f.

[73] In Bezug auf das Lehramtsstudium hat etwa das Institut für Germanistik in Graz einen – für die Mediävistik – vorteilhaften Weg eingeschlagen. Die Grazer Bemühungen um eine enge Verknüpfung von Schuldidaktik und Universität hatten auch Einfluss auf die Studienplanreformen. Nachzulesen unter URL: http://www-gewi. uni-graz.at/deuph/index. html [Stand 2006-03-01]. Im Hinblick auf die budgetäre und gesellschaftliche Situation der Germanistik bzw. der Geisteswissenschaften bleibt allerdings abzuwarten, ob dieses engagierte Projekt weitergeführt werden kann.

Schule verbunden ist. Eine bildungspolitische Schwächung würde damit einhergehen!

Das immer wieder zitierte zunehmende Interesse am Mittelalter könnte ein Schlüssel für die verstärkte Situierung von Mittelalterliteratur im Deutschunterricht sein. Ulla Reichelt attestiert der mittelalterlichen Literatur – nach einem ‚lautlosen Begräbnis' Anfang der 80er Jahre – wieder ein verstärkt zu vernehmendes Lebenszeichen.[74] Wurde früher mittelalterliche Literatur angekündigt, so musste oft mit Negativreaktionen gerechnet werden; inzwischen kommt Günther Bärnthaler zu Resultaten, die jeden Lehrer, jede Lehrerin optimistisch stimmen können.[75] Die Begeisterung der Jugendlichen ist zwar stark auf säkularisierte, oft klischeehaft aus den Medien übernommene Mittelalterbilder konzentriert, kann jedoch mit geeigneten Hilfsmitteln oder geeigneten ‚Ködern' wie dem *Herrn der Ringe* auf die literarischen Texte ausgeweitet werden, was aber auf Seiten der Lehrenden das methodische Rüstzeug voraussetzt.

5.4 Funktionen und mögliche Problemfelder mittelalterlicher Literatur

Was die Beschäftigung mit mittelalterlicher Literatur im Unterricht betrifft, müssen aus literaturwissenschaftlicher und didaktischer Sicht gewiss noch weitere Überlegungen angestellt werden. Unbestritten ist, dass mittelalterliche Literatur ein ‚historisches Verständnis' der Gegenwart durch die Auseinandersetzung mit der Vergangenheit und ihren Lebensformen fördert. Ein weiteres Argument für die Behandlung mittelalterlicher Literatur im Deutschunterricht ist, dass das *Nibelungenlied*, Wolframs *Parzival* oder Gottfrieds *Tristan* für das Wissen um eine gesamteuropäische Literatur- und Kulturtradition, die DeutschlehrerInnen ja doch in Ansätzen vermitteln wollen und sollen, mindestens

---

[74] Vgl. Ulla Reichelt: Lebenszeichen nach lautlosem Begräbnis: Mittelalterliche Literatur im Deutschunterricht. In: Mitteilungen des Deutschen Germanistenverbandes 45 (1998), H. 1-2, S. 30 - 42.

[75] Ebda.

genauso viel leisten, genauso repräsentativ für ihre Epoche sind und genauso viele Bezüge zur Gegenwart aufweisen wie beispielsweise Fontanes *Effi Briest*. Und Walthers Liebeslyrik kann sicher genau so spannend oder langweilig sein wie jene Goethes, Trakls oder Frieds.

Außerdem können anhand mittelalterlicher Literatur einige besondere Phänomene der Literaturgeschichte aufgezeigt werden, wie etwa, dass Literatur einer historischen Wandlung unterworfen ist, dass das stille Lesen eine relative junge Erfindung ist und dass unsere Vorstellung vom festen durch den Autor ‚abgesegneten' Text für das gesamte Mittelalter, ja bis in die Frühe Neuzeit noch keine Gültigkeit hatte.[76] Selbst für das alltägliche Leben eines Schülers, einer Schülerin kann mittelalterliche Literatur durch die historische Perspektivierung von Erfahrungskomplexen wie Gewalt- oder Beziehungsproblemen den Freiraum für eine verantwortliche und reflektierte Lösung bieten.[77] Häufig wird der Einwand vorgebracht, das Mittelalter sei zu weit entfernt. Vornehmlich in den siebziger Jahren des vorigen Jahrhunderts wurde diese Distanz zur Gegenwart als Argument verwendet, Mittelalterliteratur auszugrenzen. Dem ist insofern zu widersprechen, als die zeitliche Entfernung im Literaturunterricht kein Nachteil, sondern ein großer Vorteil sein kann, denn dadurch gewinnen SchülerInnen den nötigen persönlichen Abstand und lernen, eine fremde Perspektive wahrzunehmen; gerade auf diese Weise erfüllt (mittelalterliche) Literatur eine essenzielle Funktion.

In diesem Zusammenhang betont Elisabeth Schwarzgruber in ihrem Entwurf einer neuen Didaktik mittelalterlicher Literatur die Relevanz des Bezuges zur Gegenwart.[78] Die Lernenden sollen beim Zugriff auf mittelalterliche Literatur aus ihrem Alltag ‚abgeholt' werden. Ich stimme dem grundsätzlich zu; es entspricht auch meiner Forderung nach vernetztem Lernen und der Bedeutung vom sozialen und persönlichen Sinn des Gelernten. Ich möchte jedoch noch einen Schritt weiter gehen und

---

[76] Vgl. Manfred Kern: Parzival gegen Shell Oil. In: Informationen zur Deutschdidaktik. Zeitschrift für den Deutschunterricht in Wissenschaft und Schule 25 (2001), H. 3 (Mittelalter), S. 30.

[77] Vgl. Müller, Mittelalterliche Literatur, S. 54.

[78] Vgl. Schwarzgruber, Literatur in der Schule, S. 20ff.

den Bezug zur Gegenwart nicht zwanghaft fordern, da das Mittelalter für sich schon faszinierend genug ist und nicht immer um jeden Preis eine Verbindung zum 21. Jahrhundert herstellt werden *muss*. Wiederum ist der *Herr der Ringe* ein Beispiel dafür, dass eine mittelalterähnliche Welt mit ihrer Andersartigkeit die RezipientInnen zur Genüge fesseln kann. Auch Martina und Franz Mittendorfer berichten in ihrem Aufsatz *Wie Mittelalter lebendig unterrichten?*, dass ihr Versuch, das Mittelalter mit Hilfe moderner Liedermacher zu aktualisieren, missglückt ist.[79]

Oft wird die ‚Sprachbarriere'[80] als ein Grund für die mangelhafte Brauchbarkeit mittelalterlicher Literatur genannt. Aber anhand der so genannten ‚Fremdartigkeit' mittelalterlicher Sprache können der Sprachwandel und eine Vorstellung synchroner und diachroner Sprachentwicklung überhaupt erst verdeutlicht werden. Im AHS-Oberstufen-Lehrplan wird Sprachreflexion sogar als wichtiger didaktischer Grundsatz betont.[81] Für meinen thematisch orientierten Ansatz eines gehirngerechten Mittelalterunterrichts ist der sprachliche Aspekt eher zweitrangig. Daher schließe ich mich dem Urteil des Didaktikers Stamer an, der darauf hinweist, dass der sprachliche Aspekt nicht überbetont werden sollte.[82] Gleichwohl möchte ich die Möglichkeiten von Übersetzungen und Sprachbetrachtung nicht außer Acht lassen. Im Deutschunterricht sollten nicht von Vornherein das Lesen und die Aussprache mittelalterlicher Texte als lästiges Muss abgewertet

---

[79] Vgl. Martina und Franz Mittendorfer: Wie Mittelalter lebendig unterrichten? Ein Modell und seine Realisierung. In: Informationen zur Deutschdidaktik. Zeitschrift für den Deutschunterricht in Wissenschaft und Schule 25 (2001), H. 3 (Mittelalter), S. 105.

[80] In diesem Zusammenhang sei angemerkt, dass es linguistisch und didaktisch fragwürdig ist, mittelhochdeutsche Texte, die auf dem Weg zur Edition schon verschiedene ‚Normalisierungen' erfahren haben, im Unterricht in Form von Übersetzungen oder Bearbeitungen aus dem 20. Jahrhundert zu präsentieren und als authentische mittelalterliche Werke zu behandeln.

[81] Aus dem „Fach-Lehrplan der AHS-Oberstufe für Deutsch" des österreichischen Bundesministeriums für Bildung, Wissenschaft und Kultur in seiner im Februar 2005 unter der Internet-Adresse URL: http://www.bmbwk.gv.at/medienpool/11853/lp_neu_ahs_01.pdf, S. 3 elektronisch dokumentierten Form.

[82] Vgl. Reichelt, Lebenszeichen, S. 37.

werden.[83] Eine Beschäftigung mit mittelalterlichen Texten setzt natürlich sprachliche Grundkenntnisse der Lehrenden voraus. Wenn es – behutsam formuliert – gar nicht so wenigen DeutschlehrerInnen daran mangelt, ist das Problem wiederum in Verbindung mit der universitären Ausbildung und Vorbereitung in Verbindung zu betrachten.

Jedes Hinterfragen von Funktion und Möglichkeit von Literatur steht auch im Zusammenhang mit einem der Schwerpunkte des Deutschunterrichts, der Lesekompetenz. Im AHS-Lehrplan für Deutsch (Unterstufe) ist nachzulesen:

> Durch regelmäßige, methodisch abwechslungsreiche Beschäftigung mit Texten verschiedener Art sollen die Schülerinnen und Schüler zu gründlichem Textverständnis und zu positiver Einstellung zum Lesen gelangen.[84]

Wie vermutlich die meisten LehrerInnen beobachten, lesen die Jugendlichen der Computer- und TV-Generation selten mit Begeisterung. Wie kann dann gerade die Lust an mittelalterlichen Geschichten geweckt werden? In der Unterstufe muss sehr behutsam vorgegangen werden, um die SchülerInnen nicht mit Sprachbarrieren oder Übersetzungsarbeiten abzuschrecken. Hier bieten sich die didaktisch erprobten Neudichtungen von Franz Fühmann[85], Auguste Lechner[86] oder Michael

---

[83] Frau Mag. Moser-Pacher, Lehrerin an der Höheren Technischen Bundeslehranstalt (HTBLA) in Weiz und fachdidaktische Mitarbeiterin am Institut für Germanistik der Karl-Franzens-Universität Graz, berichtete, dass ihre Schüler oft überraschend fasziniert von den fremdklingenden Versen mittelalterlicher Literatur waren und sich mit Begeisterung auf das Lesen mittelalterlicher Texte einließen.

[84] Aus dem „Fach-Lehrplan der AHS-Unterstufe für Deutsch" des österreichischen Bundesministeriums für Bildung, Wissenschaft und Kultur in seiner im Februar 2005 unter der Internet-Adresse URL: http://www.bmbwk.gv.at/medienpool/781/ahs7.pdf, S. 2 elektronisch dokumentierten Form.

[85] Franz Fühmann/Isolde Schnabel: Das Nibelungenlied mit Materialien. 2. Aufl. Stuttgart: Klett 2002.

[86] Lechner, Auguste: Die Nibelungen. 2. veränd. Neuauflage. Innsbruck, Wien: Tyrolia 2004.

Köhlmeier[87] – Letztere sind auch als Hörbuch einsetzbar – an.[88] In der Oberstufe können sich Lehrende bereits näher an Originaltexte heranwagen.

Lesekompetenz ist zweifellos weiterhin eine wichtige Grundfähigkeit in unserer Gesellschaft. Ihre Bedeutung im Zusammenhang mit sozialem Status sowie als Hilfsmittel für Aus- und Weiterbildung bleibt unbestritten. Allgemein gesprochen: Die kompetente Dechiffrierung von schriftlichen Texten hängt maßgeblich mit dem vermehrten Konsum literarischer, insbesondere fiktionaler Texte in Kindheit und Jugend zusammen. Dies muss in jedem literaturdidaktischen Konzept nachdrücklich berücksichtigt werden.

5.5 Warum gerade Hagen, Siegfried und Brünhild?

Nachdem ich die allgemeine Relevanz und Funktion mittelalterlicher Literatur im Deutschunterricht beleuchtet habe, möchte ich nun der Frage nachgehen, warum gerade das *Nibelungenlied*, „eines der schönsten und sicherlich das bekannteste der deutschen Heldenepen"[89], für die Schule geeignet sein sollte. Seit seiner Wiederentdeckung und seiner weiteren Verbreitung in der Epoche der Romantik gibt es kein anderes mittelalterliches Werk, das öfter übersetzt, nacherzählt, umgedichtet, bearbeitet und verändert wurde. Doch rechtfertigt das bereits den Stellenwert im Deutschunterricht? Die ‚Nibelungenpädagogik' hat eine sehr ambivalente Vergangenheit und statt praktisch-methodischen oder pädagogischen Fragen stand meist die Sozialisations- und Legitimationsfunktion des Werks im Mittelpunkt.[90] Um die methodisch-didaktische

---

[87] Michael Köhlmeier: Die Nibelungen neu erzählt. 8. Aufl. München: Piper 2003.

[88] Zweifellos sind nicht alle Neudichtungen unumstritten. Ina Karg kritisiert beispielsweise Lechners Trivialität oder das von ihr transportierte Frauenbild (vgl. Karg, Kooperation, S. 124ff.). Trotzdem sind alle drei AutorInnentexte gerade beim ersten Kennenlernen, etwa in der zweiten oder dritten Klasse der Unterstufe, sicher hilfreich.

[89] Stefanie Amsbeck: Deutsch betrifft *Das Nibelungenlied*. Aachen: Bergmoser u. Höller 1997. (=Deutsch betrifft uns. 1) S. 1.

[90] Vgl. Wunderlich, Nibelungenpädagogik, S. 346f.

Eignung des *Nibelungenlieds* – oder weiter gefasst des Erzähl- und Überlieferungsstoffs der Nibelungen – zu prüfen, nutze ich die von Ulla Reichelt vorgeschlagenen Kriterien für die Wahl eines Unterrichtsstoffes. Sie schlägt vor:

> Als Texte sind sicher diejenigen geeignet, die (a) über ein hohes Maß an Handlung und Spannung verfügen, (b) im Laufe ihres Rezeptionsprozesses in der Wissenschaft zu Interpretationskontroversen geführt haben und die schließlich (c) über eine längere (möglichst bis in die Gegenwart reichende und vielfältige Medien berührende) Rezeptionsgeschichte verfügen.[91]

Der Nibelungenstoff besitzt eindeutig ein hohes Maß an Handlung und Spannung, und die Hauptfiguren durchleben vielschichtige sowie komplexe Konflikte. Dass der Nibelungenstoff und besonders das *Nibelungenlied* über so viele Jahrhunderte und bis in unsere Gegenwart immer wieder (neu) gelesen, umgedichtet und nacherzählt wurden, deutet auf den hohen Identifikationswert hin. Auch eine lange und weit über die Mediävistik hinausgehende Interpretationskontroverse existiert rund um das *Nibelungenlied*. Unbestritten ist die lange Interpretations- und Rezeptionsgeschichte, die bis zur politischen Vereinnahmung und Instrumentalisierung ging.

Ein Grund, warum das Nibelungenlied nach dem Ende des Zweiten Weltkrieges aus dem Unterricht gedrängt wurde, war sicherlich besagte Instrumentalisierung und der Missbrauch[92] durch die Nazi-Machthaber und die darauf folgende Phase ideologiekritischer Auseinandersetzung

---

[91] Vgl. Reichelt, Lebenszeichen, S. 38.

[92] Auch J. R. R. Tolkien kommentierte den Missbrauch der nordischen Literatur und Mythenwelt verärgert: „Ich hege in diesem Krieg einen heißen persönlichen Groll gegen Adolf Hitler, diesen frechen kleinen Ignoranten, der jeden edlen nordischen Geist, jenen vortrefflichen Beitrag zu Europa, den ich immer geliebt und in seinem wahren Licht zu zeigen versucht habe, ruiniert, verdorben und mißbraucht hat, so daß er nun für immer verflucht ist." Aus: Humphrey Carpenter: J. R. R. Tolkien. Eine Biografie. Aus dem Englischen übersetzt von Wolfgang Krege. 3. Aufl. Stuttgart: Klett-Cotta 2002, S. 222.

mit der Nibelungenrezeption.[93] Die Thematisierung des Missbrauchs von literarischen und mythologischen Stoffen, Symbolen und Begriffen im Imperialismus und Faschismus stellt durchaus einen wichtigen Beitrag des Deutschunterrichts zur politischen Bildung dar. Ein notwendiges historisches Basiswissen um die Nazi-Diktatur ist vermutlich Voraussetzung, weshalb ich die Thematisierung jenes Missbrauchs des Nibelungenstoffes überwiegend in der Oberstufe empfehle. Es bietet sich hier auch eine fächerübergreifende Behandlung in Religion, Geschichte oder beispielsweise Musik – besonders in Hinblick auf die Rolle Richard Wagners und seiner Musik im Nationalsozialismus – an.

Manfred Kern kommt bei seinen Überlegungen über die Brauchbarkeit mittelalterlicher Literatur im Deutschunterricht zu folgendem Schluss: „Das ‚Nibelungenlied' eignet sich besonders als schulischer ‚Lesestoff', weil es zu den bekanntesten mittelalterlichen Texten zählt und umfangreiche Materialien vorliegen"[94]. Das umfangreiche und vielfältige Material zum *Nibelungenlied* ist sicher ein gewichtiges Argument für den Einsatz im Unterricht, schon allein aus Überlegungen der Zeitersparnis, da für LehrerInnen zum *Nibelungenlied* vielfältiges und leicht zugängliches Unterrichtsmaterial existiert.

Abschließend möchte ich noch ein weiteres pragmatisches Argument für den Einsatz des *Nibelungenlieds* nennen: Da die Möglichkeiten für die Behandlung von Mittelaltertexten im Unterricht zeitlich begrenzt sind, resultiert daraus, dass zumindest die bedeutendsten Werke dieser Zeit berücksichtigt werden müssen. Und das *Nibelungenlied* gehört – neben Hartmanns *Iwein*, Wolframs *Parzival* und Gottfrieds *Tristan* – nicht nur zum Besten und thematisch Ergiebigsten, was die mittelhochdeutsche Epik zu bieten hat, das *Nibelungenlied* kann auch auf eine enorme mittelalterliche und moderne Wirkungsgeschichte verweisen und lässt sich „wohl auch am ehesten mit der ‚Lebenswirklichkeit' der SchülerInnen verbinden."[95] Im Literaturunterricht einen sozialen und per-

---

[93] Vgl. zur NS-Ideologie im Deutschunterricht   z. B.: Werner Wunderlich: Nibelungenpädagogik,
S. 354f.

[94] Kern, Parzival, S. 34.

[95] Kern, Parzival, S. 33.

sönlichen Bezug zum Leben herzustellen, stimmt auch mit den Ideen des gehirn-gerechten Lernens überein. Der Nibelungenstoff mit seinen Themen Liebe, Hass, Stolz oder Tod schafft es, bei den LeserInnen viele Emotionen zu wecken. Ebenso ermöglicht die lange Rezeptions- und Interpretationsgeschichte viele Anknüpfungspunkte für eine vielschichtige Informationsvermittlung und für vernetztes Lernen.[96] Eine didaktisch eindrucksvolle Umsetzung mit Hilfe neuer Methoden zeigt z. B. das Nibelungenmuseum in Worms.[97]

---

[96] Dass weitere bekannte mittelalterliche Textbeispiele wie z. B. die Lyrik Walthers von der Vogelweide für den Unterricht bestens geeignet sind, zeigt der Aufsatz von: Franz Ringeler: „Tandaradei, was ist da groß bei, ein Mädchen zu lieben, ihr Wärme zu geben?" Einige Gedanken zu Walther von der Vogelweide im gymnasialen Deutschunterricht. In: Walther von der Vogelweide: Beiträge zu Produktion, Edition und Rezeption. Hrsg. von Thomas Bein. Frankfurt am Main u. a.: Lang 2002. (=Walther-Studien 1) S. 343-354.

[97] Vgl. URL: http://www.nibelungenmuseum. de [Stand 2006-03-01].

6. Das Phänomen Tolkien

Um den *Herrn der Ringe* in seiner Bedeutung und sein Potential für den Einsatz im Deutschunterricht zu erkennen, ist ein genauerer Blick auf die Entstehung des Werkes, vor allem aber auf die Person von Professor J. R. R. Tolkien, seinen überraschenden Erfolg als Schriftsteller und sein Nachwirken erforderlich. Außerdem drängt sich eine nähere Betrachtung Tolkiens als Wissenschaftler, als Philologe auf, da der *Herr der Ringe* in engem Zusammenhang mit Tolkiens Wissen um Sprache und die (mittelalterliche) Sagen- und Mythenwelt steht. Dadurch mag die Kritikerin/der Kritiker erahnen, wie entscheidend etwa sprachgeschichtliche Aspekte und die Welt des Mittelalters für Tolkien und die Entstehung des *Herrn der Ringe* waren und wie viele Anknüpfungspunkte zur mittelalterlichen Literatur und speziell zum *Nibelungenlied* möglich sind.

6.1 Zur Entstehung des *Herrn der Ringe*

Im Grunde begann alles mit einem blitzartigen Einfall: An einem Sommertag des Jahres 1930 war J. R. R. Tolkien gerade damit beschäftigt, Eingangsprüfungen für die Universität zu benoten, als ein Prüfling ‚gnädigerweise' ein Blatt leer gelassen hatte und Tolkien darauf schrieb: In einer Höhle in der Erde, da lebte ein Hobbit. Mit diesem Satz begann die abenteuerliche Geschichte des Hobbits Bilbo[98], die heute zu „den Klassikern der Kinderbuchliteratur gehört"[99].

Nach dem unerwarteten Erfolg des 1936 veröffentlichten Kinderbuches *The Hobbit or There and Back Again* drängte Tolkiens Verlag auf eine Fortsetzung. Daraufhin machte sich Tolkien sogleich an ein neues Werk, das jedoch keineswegs die Weiterführung seines Kinderbuches werden sollte: den *Herrn der Ringe*. Tolkien erkannte nämlich bald, dass

---

[98] J. R. R. Tolkien: Der kleine Hobbit. Übers. von Walter Scherf. München: dtv 1999.

[99] Hans-Gerd Claßen: Der Herr der Ringe (Auswahl) mit Materialen. Stuttgart: Klett 2002, S. 136.

er mit der Fortsetzung seines ersten Erfolges von der ‚Kinderbuch-Ebene' in die Sphären der großen Heldenepen stieß. Auch Umfang und Aufbau des *Herrn der Ringe* überbot *Den kleinen Hobbit* erheblich. Eigentlich gliederte sich der *Herr der Ringe* in sechs Bücher, die mit Rücksicht auf die hohen Papierpreise in der Nachkriegszeit in drei Bände zusammengefasst wurden. *The Lord of the Rings* entstand zwischen 1936 und 1953 über einen Zeitraum von fast zwanzig Jahren.[100] Als die Trilogie 1954/55 dann endlich erschien, wurde sie vom Publikum vorerst verhalten aufgenommen. Mit der Ausnahme von ähnlich interessierten Autoren wie W. H. Auden oder seinem Freund C. S. Lewis, der mit seinem *Narnia-Zyklus* ebenso wie Tolkien als einer der ‚Ahnherren' der ‚Fantasy-Literatur' gilt, reagierten viele Kritiker mit teilweise heftigen Verrissen. Erst seit den 1960er Jahren traf die Trilogie auf immer mehr Zuspruch; mittlerweile gehört sie zu den meistverkauften Büchern aller Zeiten.

6.2 Der *Herr der Ringe* als Beispiel des ‚Phantastischen'

Tom Shippey vertritt in seiner Tolkien-Biografie die These, dass der vorherrschende literarische Modus des zwanzigsten Jahrhunderts der des ‚Phantastischen' war. Er führt neben Tolkien repräsentative Werke

---

[100] Nach dem Erscheinen des *Herrn der Ringe* befand sich Tolkien in der gleichen Situation wie 1936: Durch den Erfolg drängte sein Verlag darauf, wiederum eine Fortsetzung zu schreiben. Es lag nahe, sich um die Veröffentlichung seiner vielen Manuskripte zu bemühen, die er in den letzten zwanzig Jahren rund um Mittelerde verfasst hatte. Es sollte ihm jedoch bis zu seinem Tod im Jahre 1973 nicht gelingen, diese in einer (für ihn) zufriedenstellenden Ordnung – hier war Tolkien ein pathologischer Perfektionist – herauszugeben. Erst seinem Sohn Christopher gelang es, neben den zwölf Bänden der *History of Middle-earth* (1983-1996), 1977 *Das Silmarillion* zu veröffentlichen. Die beiden bekannten Werke, *Der kleine Hobbit* und der *Herr der Ringe*, sind – und das ist wichtig festzuhalten – gewissermaßen ja nur Sprosse der riesigen Sammlung von Chroniken, Mythen und Sagen, die *Das Silmarillion* umfasst. Eine unabdingbare Ergänzung und Fortsetzung zum *Silmarillion* stellen die *Nachrichten aus Mittelerde* dar, eine Sammlung von nicht immer zusammenhängenden Texten Tolkiens, die postum von dessen Sohn Christopher zusammengestellt, überarbeitet, kommentiert und 1980 veröffentlicht wurden.

wie George Orwells *1984* und *Die Republik des Tiere*, William Goldings *Herrn der Fliegen* oder Kurt Vonneguts *Schlachthof 5* an, um seine Behauptung zu untermauern.[101] Freilich muss hier klargestellt werden, dass das ‚Phantastische' als literarisches Genre nicht einfach mit ‚Fantasy' gleichzusetzen ist. Außer ‚Fantasy' gehören etwa Märchen, Horror, Science-fiction, die moderne Gespenstergeschichte oder die mittelalterliche Romanze zur ‚phantastischen' Literatur.[102] Die Literaturwissenschaft belächelt diesen populären Teil der Literatur noch immer und kritisiert meistens, dass sowohl VerfasserInnen als auch LeserInnen phantastischer Geschichten vor der Realität flüchten würden.103 Tolkien entgegnete dem:

> Dass es Vorstellungen von Dingen außerhalb unserer Primärwelt sind (sofern das überhaupt möglich ist), ist ein Vorzug und kein Gebrechen. Die Phantasie (in diesem Sinne, der das Phantasiegebilde mit einschließt) erscheint mir nicht als eine niedere, sondern als eine höhere Form der Kunst, ja, als diejenige Form, welche der Reinheit am nächsten kommt, und daher (wenn gelungen) als die stärkste. [104]

Mittelerde ist mitnichten eine reine zur Weltflucht geschaffene ‚Fantasy-Welt'. Ganz im Gegenteil: Tolkien schrieb nicht, um der wirklichen Welt zu entfliehen, sondern um mehr über die wirkliche Welt zu erfahren. Er glaubte, dass wir uns in Alltäglichkeiten verlieren und dabei das Zauberhafte, Märchenhafte vergessen hätten, und war davon überzeugt, dass die archetypische Welt von Mythos und Märchen unsere Vorstel-

---

[101] Tom A. Shippey: J. R. R. Tolkien. Autor des Jahrhunderts. Aus dem Englischen übersetzt von Wolfgang Krege. Stuttgart: Klett-Cotta 2002, S. 9.

[102] Ebda., S. 10.

[103] An dieser Stelle muss erwähnt werden, dass alle genannten Repräsentanten phantastischer Literatur von den traumatischen Ereignissen der Weltkriege unmittelbar betroffen waren: Tolkien z. B. von der Schlacht an der Somme, Orwell von den anfänglichen Siegen des Faschismus und Vonnegut von der Bombardierung Dresdens. Ihre Literatur könnte auch als Form der Mitteilung und Verarbeitung dieser Ereignisse gesehen werden.

[104] J. R. R. Tolkien: Über Märchen. In: ders.: Gute Drachen sind rar. Drei Aufsätze. Aus dem Englischen von Wolfgang Krege. 3. Aufl. Stuttgart: Klett-Kotta 2002, S. 102.

lungskraft anfachen könnten und wir dadurch die „ewigen und echten Dinge"[105] erkennen und schätzen lernen würden.

Heute wird der *Herr der Ringe* meist als das prominenteste Beispiel der ‚Fantasy-Literatur' angeführt, bisweilen mit der Differenzierung als heroisch-phantastische Trilogie. Unter dem Begriff ‚Fantasy' werden „Romane und Erzählungen, Comics und Filme zusammengefasst, die ihre Themen und Motive aus den Märchen und Sagen – überwiegend keltischer, skandinavischer oder orientalischer Herkunft – beziehen"[106]. Weiters ist ein wichtiges Merkmal, dass die Welt der Heldinnen und Helden und deren Motive „an das Mittelalter erinnern."[107] So wie ‚Fantasy' als modernes Subgenre des Phantastischen eingeordnet werden kann, gibt es auch in der ‚Fantasy-Literatur' Untergruppen wie die High Fantasy, zu der Tolkien oft gerechnet wird, die Low Fantasy – hier sei etwa Robert E. Howards *Conan* erwähnt – die Dark Fantasy oder auch die humoristische Fantasy, zu der beispielsweise der *Scheibenwelt-Zyklus* von Terry Pratchett zählt.

6.3 Tolkien – ein Chrétien de Troyes des 20. Jahrhunderts?

Tolkien hat der heroisch-phantastischen Erzählung zu einer literarischen Standardform verholfen, die unzählige NachahmerInnen fand. Keine größere Buchhandlung kann es sich heutzutage noch leisten, auf eine ‚Fantasy'-Abteilung zu verzichten. Und nur wenige AutorInnen dieser Abteilung sind von einer Prägung Tolkiens – ob in Stil und Format oder, wie meistens, in der Entwicklung von Wesen und Figuren – völlig frei.[108] Tolkiens Pionierleistung bestand auch darin, dass er vielen Millionen von LeserInnen und Hunderten von SchriftstellerInnen einen weit-

---

[105] David Day: Tolkiens Welt. Die mythologischen Quellen des Herrn der Ringe. Aus dem Englischen übersetzt von Hans J. Schütz. Stuttgart: Klett-Cotta 2003, S. 15.

[106] Claßen, Der Herr der Ringe, S. 132.

[107] Ebda.

[108] Elben oder elbenähnliche Wesen (nicht gleichzusetzen mit den nordischen Elfen) scheinen z. B. seit Tolkien allgegenwärtig. Auch wenn Tolkien auf das Konzept der Naturgottheiten, der germanischen Alben/Elfen zurückgriff, entwarf er doch eine völlig neuartige Vorstellung dieser Wesen.

räumigen ‚phantastischen' Kontinent erschloss – obwohl er selbst wahrscheinlich behaupten würde, dass dies ein alter Kontinent sei, der von ihm nur neu entdeckt oder ‚ausgegraben' wurde. Tom Shippey, Tolkiens Biograf und späterer Nachfolger in Oxford, geht deshalb so weit, ihn als Chrétien de Troyes des 20. Jahrhunderts zu bezeichnen.[109] Dieser Vergleich ist, wenn literaturhistorisch auch gewagt, gar nicht so abwegig, denn Chrétien de Troyes erfand im 12. Jahrhundert den Artusstoff ebenfalls nicht neu. Er demonstrierte jedoch, was daraus gemacht werden kann und beeinflusste damit Generationen von Dichtern, von Wolfram von Eschenbach bis hin zu Musikern wie Richard Wagner. Auch Tolkien erfand die phantastische Erzählung nicht. Er inspirierte jedoch Generationen von nachfolgenden SchriftstellerInnen und verhalf diesem Genre zu einer ungemeinen Beliebtheit.[110]

6.4 Tolkiens Welt

Tolkien sah sich als dichtender ‚Subcreator', als so genannter ‚Nebenschöpfer'. Ein ‚Subcreator' erschafft eine Sekundärwelt, die unser Geist ‚betreten' kann. Darin ist ‚wahr', was erzählt wird, vorausgesetzt es stimmt mit den Gesetzen jener Welt überein, wie Tolkien in einer Vorlesung dozierte.[111] Wir glauben an die Welt und ihre Gesetze, solange wir uns gewissermaßen darin befinden oder, wie Professor Tolkien es formulierte: „Wenn du deine kleine Welt gut gebaut hast, dann ja – dann ist es wahr in jener Welt."[112]

Von der Kraft und der (religiösen) Gnade eine Sekundärwelt zu erschaffen, war Tolkien offensichtlich fasziniert: „Wohl jeder Schriftsteller, der eine Sekundärwelt, ein Phantasiereich schafft, jeder Zweit-

---

[109] Shippey, Autor, S. 21f.

[110] Phantastische Erzählungen im Sinne eines literarischen Genres gab es natürlich bereits vor Tolkien. Erwähnen möchte ich vor allem E. R. Eddison, Lord Dunsany, Robert Howard (*Weird Tales*) und den von mir besonders geschätzten H. P. Lovecraft.

[111] Vgl. Carpenter, Tolkien, S. 219.

[112] Tolkien, Märchen, S. 128

schöpfer wünscht in gewissem Maße ein echter Schöpfer zu sein"[113]. Darin ist augenscheinlich auch ein (verborgener) religiöser Aspekt zu erkennen, denn Tolkien wies wiederholt auf die schöpferische Tätigkeit des Künstlers als ‚Zweitschöpfer' hin, der von Gott die Aufgabe der Weiterführung seines Schöpfungswerks zugedacht bekam.[114] Zudem muss auf die starke katholische Prägung Tolkiens – nach dem Tod seiner Mutter war ein befreundeter Priester sein Erziehungsberechtigter – und die Bedeutung der Religion in seinem Leben hingewiesen werden. Unbestritten war es eine für ihn nicht unerhebliche Aufgabe, seine entworfene Mythologie mit seinem Christentum in Einklang zu bringen. Da allerdings seine in der Mythologie vorkommenden Götter (christlich gesehen) gar keine ‚richtigen' Götter sind, kann er auch religiös unverfänglich von ihnen berichten.[115]

Ein Grund für die Faszination von Tolkiens (Sekundär-)Welt ist ihre Komplexität und Detailgenauigkeit. Die unterschiedlichen erfundenen Völker besitzen ihre eigenen Bräuche, ihre eigene Sprache mit ihren eigens entworfenen Schriftzeichen, eigene Genealogien, Zeitrechnungen, Kalender und ihre individuelle Sicht auf die Geschichte von Mittelerde. Auch die Genauigkeit der geografischen Beschreibungen und die Richtigkeit[116] ihres komplexen Weltsystems lassen den Leser/die Leserin in eine vielschichtige, kohärente Welt, in eine ‚zweite Realität' eintauchen. Und – wie ich aus eigener Erfahrung bestätigen kann – selbst nach jahrelanger Beschäftigung mit Tolkiens umfassendem Weltenentwurf finden sich ständig neue Facetten von Mittelerde. Tolkien hat im *Silmarillion* sogar einen umfassenden Schöpfungsmythos erschaffen, der

---

[113] Tolkien, Märchen, S. 128

[114] Vgl. Thomas Fornet-Ponse: Tolkien und die Theologie. In: Stimmen der Zeit 1 (2005), H. 1, S. 52

[115] Vgl. Rudolf Simek: Mittelerde. Tolkien und die germanische Mythologie. München: Beck 2005, S. 36.

[116] Diese akribische Arbeit kostete Tolkien unzählige Jahre. Wegen seiner perfektionistischen Vorgangsweise zogen sich die Arbeiten des *Herrn der Ringe* über zwanzig Jahre hin.

die verschiedenen Götter/Göttinnen und Völker beschreibt.[117] Tolkiens Welt und die darin lebenden Geschöpfe stammen natürlich nicht alle aus Tolkiens Phantasie, so facettenreich diese auch gewesen sein mag. Vorstellungen von Trollen oder Zwergen kennen wir insbesondere aus den (nordischen) Märchensammlungen. Einige Gestalten von Mittelerde haben also sehr wohl Ähnlichkeiten mit Fabelwesen oder Figuren aus den uns bekannten Märchenkreisen. Die Zwerge in Mittelerde zeigen etwa eine erstaunliche Verwandtschaft mit jenen aus *Schneewittchen*. Beide Male sind sie Bergleute und wild erpicht darauf, Schätze in ihre Gewalt zu bekommen. Wir wissen, dass Tolkien ein Kenner der Märchen war und sich auch wissenschaftlich mit ihnen auseinander gesetzt hatte. Sein akademisch viel beachteter Artikel *Über Märchen* aus dem Jahre 1939 ist auch heute noch ein lohnenswertes Lesevergnügen.[118] Wie stark Tolkien auf seine Kenntnisse als Mediävist zurückgriff, zeigt sich auch in der Gesamtgeografie von Mittelerde. Zweifellos entspricht sie dem Konzept der mittelalterlichen europäischen Kosmografie, wie sie sich in den mittelalterlichen Weltkarten, den mappae mundi, manifestierte.[119]

6.5 Eine Frage des Erfolgs

Obwohl der *Herr der Ringe* ohne jede Spur von Marktbewusstsein durch Anhänge erweitert, in einem umständlichen, detailverliebten, ja oft professoralen Stil[120] geschrieben wurde, zählt die Trilogie mit einer

---

[117] Ähnlich dem christlichen Sündenfall lehnt sich im *Silmarillion* der mächtigste unter den ‚Ainur' gegen den Schöpfungsgott Eru Ilúvatar auf und wird zu einem gefallenen Engel, der die Dunkelheit und den Schrecken in die Welt bringt.

[118] 2002 ist der Aufsatz ‚Über Märchen' in dritter Auflage im Aufsatzband *Gute Drachen sind rar* aufgelegt worden: J. R. R. Tolkien: Gute Drachen sind rar. Drei Aufsätze. Aus dem Englischen von Wolfgang Krege. 3. Aufl. Stuttgart: Klett-Kotta 2002, S. 51 – 140.

[119] Vgl. Simek, Mittelerde, S. 37f.

[120] Ein gutes Beispiel für Tolkiens ‚Regelverstöße', vor denen alle angehenden SchriftstellerInnen eingehend gewarnt werden, stellt *Elronds Rat* dar (HdR, Die Gefährten, Buch II, 2. Kapitel): Auf diesen dreißig Seiten passiert eigentlich ‚nichts', außer dass verschiedene Figuren reden. Sieben der zwölf Anwesenden kennt der

Auflage von über 160 Millionen zu einem der meistverkauften Bücher überhaupt und war Grundlage für die erfolgreichste – von Peter Jackson kongenial inszenierte – Filmtrilogie aller Zeiten. Auch wenn Jackson kleine, dramaturgisch notwenige Veränderungen gegenüber der Vorlage vorgenommen hatte, warf ihm das kaum ein Verehrer und kaum eine Verehrerin des Werks vor. Allein schon dadurch, dass der Regisseur viele anerkannte Tolkien-ExpertInnen und die wichtigsten Tolkien-Illustratoren in die Gestaltung mit einbezog, näherte er sich der etablierten Vorstellungswelt der Fangemeinde und des Lesepublikums an. Ohne Frage ist die *Herr der Ringe*-Trilogie filmisch und dramaturgisch ein Meilenstein der Filmgeschichte. Durch Peter Jacksons Verfilmung stieg zugleich das Interesse an Tolkiens Welt.

Bei vielen LeserInnenumfragen – als eine bekannte sei die 1996 von BBC und der Buchhandelskette Waterstone genannt – errang der *Herr der Ringe* den Spitzenplatz als ‚größtes Buch des Jahrhunderts'.[121] Trotz seines erheblichen Umfanges von einer halben Million Wörtern, der sicher für die Behandlung an Schulen und Universitäten manchmal hinderlich erscheint, errang dieses Werk bei jungen Menschen eine nicht zu überbietende Beliebtheit. Gerade bei SchülerInnen und Studierenden herrschte und herrscht noch immer große Begeisterung für die HeldInnen von Mittelerde.[122] Popularität garantiert zwar keineswegs den literarischen Wert – sie entsteht aber auch nie ohne Grund. Noch immer ist der literarische Bereich ‚des Phantastischen' und der ‚Fantasy'-Literatur der akademischen Welt meist suspekt.

Der Altnordist Rudolf Simek nennt einen weiteren Grund für die Skepsis der Literaturwissenschaft gegenüber Tolkiens Werken:

Leser/die Leserin bis dahin nicht. Zusätzlich erwähnen die Redner weitere Personen, von denen im Buch bisher noch keine Rede war. Einige davon, etwa Saruman und Denethor, entscheiden den Verlauf der Geschichte sogar maßgeblich.

[121] Shippey, Autor, S. 23f.

[122] An dieser Stelle muss erwähnt werden, dass die Tolkien-Euphorie Ende der sechziger Jahre unter den Studierenden fast nicht mehr zu übertreffen war. Anstecknadeln wie „Frodo lives", „Come to Middle-earth" oder „Gandalf for President" sandten auch eine politische Botschaft aus.

Die Literaturwissenschaft hat sich mitunter schwer mit J. R. R. Tolkiens Werk getan, eben weil es so stark auf mittelalterlichen und mythologischen Quellen beruht und sich daher die Frage stellt, ob die Romane nicht doch nur eine Collage aus älteren Quellen sind, nur neu arrangiert.[123]

Dabei haben diese KritikerInnen vergessen, dass Tolkien – trotz vieler Anlehnungen an alte Texte –, durch seine eigenen Ideen etwas ganz Neues erschuf. Auch sollte eine qualitative Beurteilung des *Herrn der Ringe* nicht vom überraschenden Erfolg des Werks und der enormen Verbreitung beeinflusst werden. Es kann nicht geleugnet werden, dass viele Menschen von Tolkiens Werken tief und dauerhaft berührt werden. Selbst wenn man dieses Gefühl nicht teilt, sollte sachlich nach den Gründen geforscht werden: Die fortdauernde Wirkung von Tolkiens Werken, die für ihn und die literarische Welt bis heute vollkommen unerwartet und unvorhersehbar war, kann auch nicht als „bloße Geschmacksverirrung"[124] eines Massenpublikums abgetan werden. Sie verdient Respekt, Würdigung und Erklärung. Die unglaubliche Wirkung, die seine Werke hatten und haben, kann nicht allein durch den ‚Reiz des Ungewöhnlichen' erklärt werden, bei der Hinterfragung von Tolkiens Erfolg müssen weitere Facetten berücksichtigt werden.

Es verbirgt sich beispielsweise ein zeitgeschichtlicher Aspekt in Tolkiens Frage nach dem Ursprung und der Natur des Bösen, die sich im zwanzigsten Jahrhundert in furchtbarer Weise neu stellte und die LeserInnen zweifellos beschäftigte. Weitere Gründe für Tolkiens Erfolg sind sein wohlwollender Humor, sein schriftstellerisches Talent, sein Umgang mit Verlust und Niederlage – wovon es ja im *Herrn der Ringe* genug gibt –, dem er Optimismus und sogar Trotz entgegensetzt. Das ist umso beachtlicher, als Tolkien selbst ein äußerst pessimistischer Mensch war. Einen wichtigen Grund dafür sieht Tom Shippey in Tolkiens wissenschaftlicher Kompetenz. Denn über einige Bereiche wie die der (mittelalterlichen) Sagen- und Mythenwelt wusste Tolkien einfach mehr

---

[123] Simek, Mittelerde, S. 21.
[124] Shippey, Autor, S. 11.

und dachte gründlicher nach als irgendwer sonst zu seiner Zeit. Dem stimmt auch David Day zu:

> Tolkiens Wissen um Mythologie und seine Aufgeschlossenheit für Mythen waren unerreicht, und je eingehender man den „Herr der Ringe" und seine anderen Werke wie den „Hobbit" oder „Das Silmarillion" studiert, desto deutlicher wird dies. [125]

Der *Herr der Ringe* kann durchaus als ‚mythisches' Werk betrachtet werden. Tolkien entwickelte, ähnlich der nordischen Mythologie, von der er offenkundig inspiriert wurde, eine eigene Welt, ja einen eigenständigen Mythos. Deshalb kann Tolkiens Arbeit mit Recht als Mythologie bezeichnet werden. Schließlich kam noch ein oft nicht verstandener und erkannter Grund dazu, der gerade für (angehende) MediävistInnen von besonderem Interesse ist: Tolkien verspürte zeit seines Lebens ein Verlangen, das für ihn als Herausgeber unvollständiger mittelalterlicher Texte zu seiner Erbitterung so oft unerfüllt blieb, nämlich eine Neugierde, mehr zu wissen und Zusammenhänge zu entschlüsseln. Dieses Verlangen setzt Tolkien im *Herrn der Ringe* perfekt um, baut damit eine oft unerträgliche, wenn auch zum Weiterlesen ungeheuer motivierende Spannung auf. Wenn der Zauberer Gandalf in Moria mit dem Balrog kämpft und wir vom Kampf der *Geheimen Flamme von Anor* und der *Dunklen Flamme von Udûn* lesen, dann spüren wir, dass hier geheimnisvolle Zusammenhänge existieren, die im weiteren Verlauf der Handlung noch erhellt werden. Deshalb lesen wir weiter. Wir können gar nicht anders.

6.6 Der Gelehrte als Schriftsteller

Seit seiner Jugend faszinierten Tolkien Sprachen. Besonders walisische Namen, gotische Wörter und das Finnische der *Kalevala* beeindruckten ihn ungemein, später war er auch im (Alt-)Isländischen sehr belesen. Von Kindheit an erforschte er Sprachen nicht nur, er erfand sie auch.

---

[125] Day, Tolkiens Welt, S. 6.

Tolkien konstruierte eigene Alphabete, begann sogar, seine erfundenen Sprachen *zurück*zuentwickeln, das heißt, hypothetische ‚ältere' Wörter zu postulieren, die ihm nach seinem historisch-grammatischen Verständnis notwendig erschienen. In seinem Nachruf meinte sein enger Freund und Schriftstellerkollege C. S. Lewis treffend: „Er war im Innern der Sprache gewesen."[126] Es war auch die große Liebe zu den Wörtern, die ihn bewegte, Philologe zu werden. Tolkiens zentrales Arbeitsgebiet als Professor für Angelsächsisch in Oxford war das Alt- und Mittelenglische, das von etwa 700 bis 1500 n. Chr. reicht. Als Philologe konnte er sich naturgemäß nicht nur auf Sprachstudien beschränken, sondern widmete sich ebenso den literarischen Studien des Mittelalters. Er war ein Verfechter der Untrennbarkeit von literarischen und linguistischen Studien, wie er es auch in einem Brief von 1925, in dem er sich um den Lehrstuhl in Oxford bewarb, skizzierte. Sein Ziel würde es sein:

> [...] nach besten Kräften ein gutnachbarliches Verhältnis zwischen der linguistischen und der literarischen Studienrichtung zu fördern – die niemals verfeindet sein können, außer durch Missverständnisse oder zum beiderseitigen Schaden[127].

Tolkiens Ausgangslage all seiner Werke waren Namen, von denen er über ihre Sprachgeschichte zu den Geschichten kam. Wörter und die Verfolgung ihrer Sprachwurzeln können als maßgebliche inspirative Quelle seiner Geschichten gesehen werden. Alle Namen, und davon kommen im *Herrn der Ringe* nicht wenige vor, entsprangen vielfältigen Überlegungen und sowohl philologischen als auch literarischen Anlehnungen.[128] Es sei hier nur ein Beispiel erwähnt: Ein aufschlussreicher Name ist jener der Fußsoldaten Saurons, der *Orks*. Tolkien benutzt hier das altenglische Kompositum *orc-néas* als Vorlage. Diese kannte Tolkien aus dem Beowulf, wo es „Dämonenleichen"[129] bedeutet. Nicht zu vergessen sind die lateinischen Vorbilder *orcus* aus der römischen

---

[126] Carpenter, Tolkien, S. 157.

[127] Shippey, Autor, S. 15.

[128] Zu Namen und ihrer Herkunft: Vgl. Simek, Mittelerde, S. 58 - 73.

[129] Shippey, Autor, S. 132.

Mythologie oder das lateinische Wort *porcus* für Schwein. Tolkien, der auf ein unglaubliches Sprachwissen zurückgreifen konnte[130], spielt also im *Herrn der Ringe* mit der Sprache und ihren unterschiedlichen Variationen.

Die wortkargen Zwerge sprechen mit kurzen, oft abgebrochenen Sätzen. Der Elbenfürst Elrond hingegen verwendet altertümliche Wörter und spricht in manchmal befremdlichen Satzkonstruktionen. Jedes Volk, ja jeder der Protagonisten wird durch seinen Sprachstil und seine Wortwahl charakterisiert.

Einen Teil seines Wissens setzte Tolkien auch wissenschaftlich um. Sein Aufsatz über die Dialekte in Chaucers *Reeve's Tale* ist immer noch Pflichtlektüre beim Studium regionaler Verschiedenheiten im Englischen des vierzehnten Jahrhunderts. Sein 1936 veröffentlichter Vortrag über *Beowulf* bleibt ein Markstein in der Geschichte der Kritik dieses großen angelsächsischen Gedichts.[131] Ein Grund für Tolkiens oft unvollendete Forschungsarbeiten war Zeitmangel. Er hatte sich dafür entschieden, einen größeren Teil seiner Arbeitszeit der Lehre zu widmen. Auch sein Perfektionismus hinderte ihn daran, so manche wissenschaftliche Erkenntnis zu publizieren. Hätte er sein Wissen vermehrt in akademischen Abhandlungen niedergeschrieben – zu einem gewissen Teil tat er es ja auch –, statt es in phantastischen Erzählungen zu verarbeiten, dann hätte er beim akademischen Publikum sicher mehr Aufmerksamkeit und Zuspruch erfahren.

Dass der Zauber von Mittelerde stark von der altertümlich wirkenden, mittelalterlichen Welt und ihren Sprachen beeinflusst wird, sieht auch Lin Carter, wenn sie schreibt: „Tolkien's picture of Middle-earth during the Third Age is not very different from Europe during the Middle Ages."[132] Der *Herr der Ringe* ist zweifellos zutiefst von Tolkiens mittelalterlichem, sprachgeschichtlichem Wissen beeinflusst. Gleichzeitig ist er auch von den Erfahrungen eines Autors aus dem 20. Jahrhunderts

---

[130] Zu Tolkiens Sprachschatz zählten unter anderem Griechisch, Latein, Gotisch, Altnorwegisch, Schwedisch, Dänisch, Altenglisch, Mittelenglisch, Deutsch und Niederländisch.

[131] Vgl. Carpenter, Tolkien, S. 162.

[132] Carter, Tolkien, S. 22.

geprägt, der beide Weltkriege erlebt hat, auch wenn sich Tolkien stets gegen alle entdeckten biografischen Vergleiche oder Allegorien gewehrt hat.[133] Um Tolkiens Werke gebührend zu verstehen, muss erkannt werden, dass es nicht zwei Tolkiens – einen Schriftsteller und einen Gelehrten – gab. Beide waren verschiedene Äußerungen desselben Geistes.

6.7 Der *Herr der Ringe* und das *Nibelungenlied*

Die Gestaltung von Mittelerde basiert auf vielerlei Quellen, im Besonderen auf der unerschöpflichen Fülle mittelalterlicher Mythen, Stoffe und Überlieferungen. Natürlich ist der *Herr der Ringe* keine Neufassung dieser Werke, aber es zeigt sich, dass wichtige Motive von Tolkien aufgegriffen und neu gestaltet wurden. Neben dem *Nibelungenlied* und der *Völsunga saga* zählen das altenglische *Beowulf*-Epos, die *Kalevala*, der Artus-Sagenkreis, die keltischen Heldenmythen, die Bibel[134] und maßgeblich die Sammlung der altnordischen Götter- und Heldenlieder der *Lieder-Edda* zu den Hauptquellen Tolkiens.[135] Obgleich die Kenntnis

---

[133] „Aber ich habe eine herrliche Abneigung gegen Allegorie in all ihren Erscheinungen, und zwar immer schon, seit ich alt und wachsam genug war, um ihr Vorhandensein zu entdecken. Wahre oder erfundene Geschichte mit ihrer vielfältigen Anwendbarkeit auf das Denken und die Erfahrung der Leser ist mir sehr viel lieber." Zit. aus: Tolkien, J. R. R.: Der Herr der Ringe. Die Gefährten. Ins Dt. übersetzt von Margaret Carroux und Ebba-Margareta von Freymann. Stuttgart: Klett-Cotta 2003, (Vorwort), S. 11f.

[134] Für den katholischen Christen Tolkien war die Bibel, etwa bei der Schöpfungsgeschichte *Ainulindale* im *Silmarillion*, wichtige Inspirationsquelle für sein Schaffen. Vgl. hierzu: Peter Hasenberg: Tolkiens Bibel. „Der Herr der Ringe" ist auch ein religiöses Epos. In: Herder Korrespondenz. Monatsheft für Gesellschaft und Religion. 58. Jahrgang (2004) H. 5. S. 252 - 257.

[135] Tolkiens Quellen und Inspirationen sind unglaublich vielfältig und reichen über die erwähnten Beispiele und über den europäischen Kontext hinaus bis zu orientalischen Mythen. Näheres dazu: David Day: Tolkiens Welt. Die mythologischen Quellen des Herrn der Ringe. Aus dem Englischen übersetzt von Hans J. Schütz. Stuttgart: Klett-Cotta 2003; Day David: Tolkien's Ring. Illustrated by Alan Lee.

dieser Stoffe und Motive keine Voraussetzung für das Verständnis von Mittelerde ist, kann sie doch das Lesevergnügen erheblich vertiefen. Durch Einblicke in den Nibelungenstoff oder den Artus-Sagenkreis werden die LeserInnen auch die Vielfalt und Komplexität des *Herrn der Ringe* um vieles mehr zu schätzen wissen. Um ein Beispiel aus dem vielschichtigen Artus-Sagenkreis zu nennen: Gandalf und Merlin weisen etliche gemeinsame Wesensmerkmale auf. Diese reichen vom ähnlich sarkastischen Humor über die Neigung, sich als Bettler zu verkleiden, bis zur mächtigen Funktion des Beraters. Gerade die Beziehung Gandalfs zu Théoden bzw. Aragorn weist starke Parallelen zwischen der von Merlin und Artus auf.[136]

Den Vergleich des verhängnisvollen Ringes im *Herrn der Ringe* mit Richard Wagners *Ring des Nibelungen* hat Tolkien immer zurückgewiesen. „Beide Ringe waren rund, und damit hört die Ähnlichkeit auf"[137], stellte Tolkien fest. Seine Abneigung gegen Wagners ‚Ring' rührte definitiv von dessen Nähe zum Nationalismus und dessen Missbrauch durch die Nationalsozialisten her. Tolkien bedauerte oftmals die ‚Schändung' des Nibelungenstoffs im Dritten Reich und ärgerte sich maßlos darüber.

Sehr wohl sind aber Parallelen und Inspirationen aus dem Nibelungenstoff im *Herrn der Ringe* festzustellen.[138] Besonders die Figur Siegfrieds kannte Tolkien sehr genau. Wir wissen, dass Siegfrieds Kampf mit dem Drachen eine der Lieblingsgeschichten des jungen Tolkien war. Lin Carter nennt sogar acht Elemente des Siegfried-Stoffes, die im *Herrn der Ringe* deutlich zu Tage treten.[139] Z. B. kennen wir das Motiv des zerbrochenen Schwertes aus dem Nibelungenstoff, am deutlichsten aus

---

London: Pavilion Books 2001; Lin Carter: Tolkien. A Look behind The Lord of the Rings. Überarb. und aktualisierte Ausg. London: Gollancz 2003.

[136] Hier sei für alle Interessierten erwähnt, dass Gandalf, eigentlich ein Zwergenname aus der *Lieder-Edda*, starke Ähnlichkeiten mit dem germanischen Gott Odin aufweist: die Beeinflussung der HeldInnen, sein plötzliches Auftauchen und Verschwinden sowie seine Darstellung als einsamer, geheimnisvoller Wanderer.

[137] Carpenter, Tolkien, S. 232.

[138] Vgl. Carter, Tolkien, S. 133ff.

[139] Vgl. Carter, Tolkien, S. 138f.

der altnordischen *Völsunga saga*. Rudolf Simek weist auf eindeutige Parallelen zwischen dem neu geschmiedeten Schwert Gram, mit dessen Hilfe Siegfried den Drachen tötet, und Aragorns von den Elben neu geschmiedetem königlichen Schwert Andúril, der Flamme des Westens, hin und sieht in der Wichtigkeit des Schwertes für die Familiengenealogien eine direkte Beeinflussung Tolkiens.[140] Das ‚Große Tolkien-Lexikon' konstatiert: „Tolkien greift mehrfach auf die Motive aus dem Nibelungenlied zurück."[141] Ein weiteres prägnantes Beispiel ist der Einfluss der Liebesbeziehungen aus dem Nibelungenstoff: „In The Lord of the Rings the basic central plot of the Nibelungenlied can be found in an understated sub-plot involving the four-way romance of Aragorn-Arwen-Éowyn-Faramir."[142] Ausführlicheres dazu liefert der praktische Teil meiner Arbeit.

In gewisser Weise lässt sich sogar zwischen dem mittelalterlichen *Nibelungenlied*-Dichter und Tolkien eine Parallele sehen: Die Tatsache, dass Tolkien die mittelalterlich-christliche Tradition[143] mit der nordisch-heidnischen Mythologie und Sagenwelt verband, erinnert an die Symbiose dieser beiden so unterschiedlichen kulturellen Traditionen, wie sie der Nibelungendichter versuchte, indem er einen heidnischen Stoff christlich interpretierte. Dieses Spannungsfeld zwischen heroisch-heidnischer Welt und dem christlichem Weltbild ist ein besonderes Wesensmerkmal in Tolkiens Mythologie, das in der Interpretation oft übersehen wird.[144] Das mag daher rühren, dass Tolkien auf explizite Verweise auf spezifisch christliche Dogmen verzichtet hat, die in

---

[140] Vgl. Simek, Mittelerde, S. 168ff.

[141] Friedhelm Schneidewind: Das große Tolkien-Lexikon. Von "Roverandom" bis zum "Silmarillion", vom "Kleinen Hobbit" bis zum "Herrn der Ringe" – eine phantastische Reise durch die Welt des John R. R. Tolkien. Berlin: Schwarzkopf und Schwarzkopf 2001, S. 481.

[142] Day, Tolkien's Ring, S. 97.

[143] Tolkien in einem seiner Briefe: „Der Herr der Ringe ist natürlich ein von Grund auf religiöses und katholisches Werk; unbewusstermaßen zuerst, aber bewußt im Rückblick." Aus: Shippey, Autor, S. 225.

[144] Vgl. Thomas Fornet-Ponse: Tolkien und die Theologie. In: Stimmen der Zeit. Januar 2005, H. 1, S. 51-62.

Mittelerde und in seiner Mythologie aufgesetzt und deplatziert wirken würden.

6.8 Didaktische Relevanz des *Herrn der Ringe*

Auch wenn der *Herr der Ringe* zu den meistgelesenen Büchern des 20. Jahrhunderts gehört, stellt sich trotzdem die Frage, warum die Trilogie im Deutschunterricht berücksichtigt werden soll. Einen einfachen, aber gewichtigen Grund nannte mir Frau Mag. Moser-Pacher[145] in einem Gespräch: Ihre Schüler lesen außer dem *Herrn der Ringe* nicht viel anderes. Viele Erfahrungsberichte und Beliebtheitsskalen einerseits, und die geringe Leselust auf die kanonisierte Literatur unter SchülerInnen andererseits bestätigen dies. Ich bin überzeugt davon, dass sich die Literaturdidaktik an dem orientieren muss, was Jugendliche lesen. Deshalb ist die Faszination, die Mittelerde ausübt, ein entscheidendes Argument, das die Didaktik zu berücksichtigen hat.

Elisabeth Schwarzgruber betont die Möglichkeiten der Intertextualität für die Deutschdidaktik im Sinne einer poststrukturalistischen Literaturwissenschaft.[146] Literatur als Dialog von Texten untereinander in Verbindung mit Antworten, Weiterführung oder Infragestellung früherer Texte kann als besonders reizvoll für den Unterricht gesehen werden. Die Vielzahl der intertextuellen Möglichkeiten des *Herrn der Ringe* wurde bereits aufgezeigt. Einen weiteren erheblichen Vorteil bietet der *Herr der Ringe*: Die Abenteuer der neun Gefährten sind durch Buch, Film, Comic, Online-Rollenspiele, PC-Spiele, Brettspiele so bekannt, dass auf einem breiten Vorwissen aufgebaut werden kann. Die Pädagogin Uta Hartwig betont:

> Auf diese Weise sind die Kenntnisse unserer SchülerInnen zu einem der erfolgreichsten Romane des 20. Jahrhunderts überaus umfassend.

---

[145] Fachdidaktikerin am Grazer Institut für Germanistik.

[146] Vgl. Schwarzgruber, Literatur in der Schule, S. 18.

Auf dieses Vorwissen kann man im Unterricht strukturiert zurückgreifen.[147]

Auch durch den Einsatz von Peter Jacksons Film-Trilogie kann Zeit gespart und gleichzeitig die filmische Umsetzung des Buches beleuchtet werden. Es ist für die Mittelalterdidaktik und ihr Überleben nicht unerheblich, dass sie zeitökonomische Modelle vorschlägt, da in der Praxis die Zeitknappheit im Unterricht immer wieder als Grund für die Undurchführbarkeit eines solchen Projekts genannt wird. Der Umfang des *Herrn der Ringe* wäre somit kein Hindernis, kann doch die Trilogie zumindest in Auszügen behandelt werden. Das Leseheft für den Literaturunterricht „Herr der Ringe (Auswahl) mit Materialien"[148] bietet außerdem eine willkommene Hilfe für PädagogInnen, die sich bei der Textauswahl nicht so sicher sind. Die Verknüpfung und der Vergleich des *Herrn der Ringe* mit dem *Nibelungenlied* ist doppelt profitabel: Die SchülerInnen werden das *Nibelungenlied* durch den *Herrn der Ringe* mehr schätzen lernen bzw. sich überhaupt erst dafür zu interessieren beginnen. Gleichzeitig behaupte ich, und hier würde mir Professor Tolkien vermutlich beipflichten, dass dessen Werke nur durch das Studium der mittelalterlichen Literatur und Welt in seiner ganzen Tiefe verstanden werden können. Gerade die Beschäftigung mit dem Nibelungenstoff ist bei all jenen SchülerInnen, die von Tolkiens Büchern oder den Verfilmungen fasziniert sind, ein hervorragendes didaktisches Instrument, das Verständnis und vielleicht sogar die Wertschätzung von Tolkiens faszinierendem Schaffen zu vertiefen.

---

[147] Uta Hartwig: Tolkien: Hobbits und mehr. Online im Internet:
URL: www.lehrer-online.de/dyn/275878.htm [Stand 2006-03-01].
[148] Hans-Gerd Claßen: Der Herr der Ringe (Auswahl) mit Materialen. Stuttgart: Klett 2002.

7. Suche und Sehnsucht nach dem Heldentum

Der Begriff ‚HeldInnen' in einem Arbeitstitel ist zweifelsohne nicht unproblematisch – gerade im Zusammenhang mit der Nibelungendichtung. Deshalb erscheint eine kritische Erläuterung notwendig und zweckmäßig.

Nach einer einleitenden Erörterung der Frage *Was und wer ist ein Held / eine Heldin?* möchte ich den (emanzipierten) Heldinnen im *Herrn der Ringe* und im *Nibelungenlied* nachgehen. Damit verbunden sind Betrachtungen von Gewaltbereitschaft und Selbstverständnis der Nibelungen-HeldInnen. Unverzichtbar scheint mir der Blick auf die HeldInnenverehrung und den HeldInnenmissbrauch des *Nibelungenlieds* bzw. deren Instrumentalisierung im 19. und 20. Jahrhundert. Ob das ‚Zeitalter der HeldInnen' vorbei ist und wie moderne HeldInnen konzipiert sind, wird im abschließenden Kapitel behandelt.

7.1 Was und wer ist ein Held / eine Heldin?

Im etymologischen Wörterbuch ist unter ‚Held' (ahd. *helid*, mhd. *helt*) die Beschreibung „Held, Kämpfer, freier Mann"[149] nachzulesen. Weiters steht das Adjektiv ‚heroisch' mit seiner Bedeutung „heldenmütig, heldisch"[150] in engem semantischem Zusammenhang mit dem Substantiv ‚Held'. Weitere mittelhochdeutsche Bezeichnungen für kriegerische, heroische Figuren wie *wigant, degen* oder *recke* sind mit der heutigen Bezeichnung ‚Held' nicht mehr in Einklang zu bringen.

Von Seiten der Literaturwissenschaft existiert für den Begriff ‚Held' keine verbindliche Definition. Alle Erklärungen und Ausführungen bleiben lediglich Definitionsversuche. Es kann im weitesten Sinne jede Person, die durch bestimmte Handlungen oder Verhaltensweisen auffällt, als HeldIn bezeichnet werden. Die literarische Figur des Helden,

---

[149] Friedrich Kluge: Etymologisches Wörterbuch der deutschen Sprache. 23., erw. Aufl. Berlin, New York: de Gruyter 1995, S. 368.
[150] Ebda.

der Heldin wird durch Einfluss auf Handlung, Inhalt und Struktur des Textes eingegrenzt. Sehr oft werden die Hauptpersonen einer Erzählung oder eines Bühnenstücks HeldInnen genannt, unabhängig von ihren Fähigkeiten oder ihrem moralischen Status. HeldInnen im Sinne der Heldendichtung heben sich dagegen durch ihre herausragenden Eigenschaften ab, die sie von anderen Menschen unterscheiden. Cecil Maurice Bowra skizziert diesen Unterschied für die Heldendichtung genauer:

> Ein Held [und eine Heldin, Anm. des V.] unterscheidet sich von anderen Menschen durch das Maß an Fähigkeiten. In den meisten Heldendichtungen sind diese spezifisch menschlicher Natur, wenn sie auch über die normalen menschlichen Beschränkungen hinausragen. [...] Er erweckt Bewunderung vornehmlich dadurch, daß er in verschwenderischer Fülle Gaben besitzt, über die andere Menschen nur in sehr geringem Ausmaße verfügen.[151]

Diese überragenden Fähigkeiten, besonders die übernatürlichen Kräfte im Kampf und die Fülle der Gaben treffen auf einen Großteil der mittelalterlichen HeldInnen zu.

Es existieren diverse Modelle, heroische ProtagonistInnen zu beschreiben. Berühmt ist die Schablone für den ‚internationalen Helden' von Jan de Vries; weitere Versuche einer Wesensbestimmung stammen von Brigitte Racz und Wolfgang Spiewok.[152]

Zusammengefasst scheinen HeldInnen – ausgerichtet auf den Fokus dieser Arbeit – durch folgende Faktoren gekennzeichnet:
- sie haben eine oft rätselhafte Herkunft;
- sie zeichnen sich durch besondere (heroische) Taten aus, indem sie etwa ein Ungeheuer töten oder eine Jungfrau retten;
- sie haben das Anliegen, Ruhm und Ehre zu erwerben;

---

[151] Cecil Maurice Bowra: Heldendichtung. Eine vergleichende Phänomenologie der heroischen Poesie aller Völker und Zeiten. Stuttgart: Metzlerische Verlagsbuchhandlung 1964, S. 98.

[152] Vgl. Brigitte Racz: Das Heroische im Nibelungenlied. Wien: Univ., Dipl.-Arb. 1998, S. 16ff.

- sie haben den Wunsch, Lob und Bewunderung nachfolgender Geschlechter zu erwerben (besonders wichtig bei mittelalterlichen HeldInnen);
- sie differenzieren sich hinsichtlich ihrer Physis gegenüber anderen Menschen;
- sie zeigen Mut und Kampfgeist speziell in kriegerischen Auseinandersetzungen;
- sie besitzen besondere (magische) Waffen;
- sie sind meist AnführerInnen – wenn auch selten KöniglInnen – einer Gruppe;
- sie haben fast immer ‚besondere' GefährtInnen;
- sie zeichnen sich durch eine große Opferbereitschaft aus;
- oft sterben sie auch einen frühzeitigen Tod;
- und nicht zu vergessen: HeldInnen sind zumeist siegreich, sie verlieren allenfalls durch Verrat oder Hinterlist.

Bei allen Versuchen einer allgemein gültigen Definition muss berücksichtigt werden, dass es zwar raum- und zeitunabhängige Konstanten gibt, dass der HeldInnenbegriff jedoch je nach Zeit und Umständen ein anderer und im kollektiven Normsystem einer Kultur verwurzelt ist. HeldInnen entsprechen deshalb der Definition dessen, was in der jeweiligen Kultur als vortrefflich gilt. Hier sei beispielsweise erwähnt, dass das signifikante Idealbild der HeldInnen im 12. und 13. Jahrhundert grundlegende Veränderung erfahren hat. Die kriegerischen HeldInnen gewannen allmählich auch soziale Elemente wie Empfindsamkeit und Emotionalität. Der Held als idealisierter Ritter zeichnet sich im 13. Jahrhundert durch Treue und Barmherzigkeit sowie durch *maze* und *staete* aus.[153]

Zweifellos treffen wir im *Nibelungenlied* auf höchst unterschiedliche HeldInnen: Siegfried, den scheinbar überholten Märchenhelden, mit dem weiblichen Pendant Brünhild; Hagen und Volker, zwei Repräsen-

---

[153] Vgl. Belina Elisabeth Neumann: Siegfried im Nibelungenlied – ein typisches Heldenleben? Wien: Univ., Dipl.-Arb. 2001, S. 55f.

tanten des heroischen Ethos oder Dietrich, der bewusst auf heroisches Handeln verzichtet.[154]

In der Beschäftigung mit dem Wesen der HeldInnen taucht immer wieder ein Name auf: Joseph Campbell, der viel gelesene amerikanische Mythologe, der mit seinem Buch *Der Heros in tausend Gestalten*[155] anhand unzähliger Beispiele aus verschiedensten Kulturen nachgewiesen hat, dass entsprechende Erzählungen überall eine sehr ähnliche Struktur aufweisen. Nach seiner These gibt es einen so genannten ‚Abenteuer-Plot', den der Heros jeweils in einem Zyklus durchlaufen muss. Es ist eine immer wiederkehrende Abenteuerfahrt, welche stets die gleiche Formel und Abfolge enthält: Trennung – Initiation – Rückkehr:

> Der Heros verläßt die Welt des gemeinen Tages und sucht einen Bereich übernatürlicher Wunder auf, besteht dort fabelartige Mächte und erringt einen entscheidenden Sieg, dann kehrt er mit der Kraft, seine Mitmenschen mit Segnungen zu versehen, von seiner geheimnis-erfüllten Fahrt zurück.[156]

Diese Formel bezeichnet Campbell als „Kern des Monomythos"[157]. Und tatsächlich passt etwa die Abenteuerfahrt des Hobbits Frodo im *Herrn der Ringe* – er bricht vom vertrauten Auenland auf, besteht viele ‚inner-liche' wie auch reale Schlachten und kehrt letztlich mit Geschenken und Erfahrungen ausgestattet wieder in die Heimat zurück – genau in diese Formel, dieses Schema.

Campbells *Der Heros in tausend Gestalten* wurde zu den einfluss-reichsten und wichtigsten Büchern des 20. Jahrhunderts, beeinflusste Dichter wie Robert Bly oder sogar Rockbands wie *The Grateful Dead*. Besonders hervorgehoben wird sein Einfluss auf FilmemacherInnen. Der bekannteste unter ihnen, George Lucas, berief sich beispielsweise auch in der Entwicklung seiner *Star Wars* Filme auf Campbell. Dass Peter

---

[154] Vgl. Racz, Das Heroische, S. 111f.

[155] Vgl. Joseph Campbell: Der Heros in tausend Gestalten. Aus dem Amerikanischen von Karl Koehne. Frankfurt am Main: Insel 1999.

[156] Campbell, Heros, S. 36.

[157] Ebda.

Jackson in seiner *Herr der Ringe*-Filmtrilogie ebenso von Campbells Thesen beinflusst wurde, steht außer Zweifel.

7.2 Seltene, aber notwendige Heldinnen

Ich habe den ursprünglichen Titel ‚Alte Helden braucht die Schule' in ‚Alte HeldInnen braucht die Schule' umgeändert, um einerseits meine Überzeugung für den Einsatz einer geschlechtergerechten Sprache bereits im Titel auszudrücken (die Hintergründe dafür sind in der Einleitung nachzulesen), andererseits will ich damit die Wichtigkeit des Gender-Aspekts und die Frage nach den Heldinnen, wenn es sie denn im *Nibelungenlied* oder im *Herrn der Ringe* gibt, betonen. Dies entspricht auch den allgemeinen Bildungszielen des AHS-Lehrplans für Deutsch:

> Schulen sind im Zuge von „Gender Mainstreaming" und Gleichstellung der Geschlechter angehalten, sich mit der Relevanz der Kategorie Geschlecht auf allen Ebenen des Lehrens und Lernens auseinander-zusetzen.[158]

Weiters wird im ‚Bildungsbereich Mensch und Gesellschaft' gefordert:

> Sie [die Schülerinnen und Schüler] sollen lernen, Ursachen und Auswirkungen von Rollenbildern, die den Geschlechtern zugeordnet werden, zu erkennen und kritisch zu prüfen.[159]

Die Reflexion der sozialen Stellung und des Machtverhältnisses von Mann – Frau / Held – Heldin im Mittelalter[160] bzw. heutzutage erachte ich sowohl didaktisch als auch im Hinblick auf gehirn-gerechtes Lernen

---

[158] URL: http://www.bmbwk.gv.at/medienpool/11668/lp_ahs_neu_allg.pdf, S. 2.

[159] Ebda., S. 3

[160] Vgl. hierzu: Katharina Freche: Von zweier vrouwen bâgen wart vil manic helt verlorn: Untersuchungen zur Geschlechterkonstruktion in der mittelalterlichen Nibelungendichtung. Trier: WVT Wissenschaftlicher Verlag Trier 1999. (=Literatur, Imagination, Realität. 21.)

als außerordentlich wichtig. In koedukativen Schulklassen ist es schon deshalb unverzichtbar, um nicht nur die Schüler – die meist bereits durch Heldentaten und Schlachtszenen zu ‚elektrisieren' sind –, sondern auch die Schülerinnen auf für sie und ihre Lebenslage interessante Aspekte des *Nibelungenlieds* und *Des Herrn der Ringe* hinzuweisen. Dies kann durch Bereiche wie Liebesbeziehungen, Frauen als Heldinnen und spezifische Genderaspekte erreicht werden und darf deshalb in der Behandlung der Texte auf keinen Fall zu kurz kommen. Damit beabsichtige ich natürlich nicht, die traditionelle Trennung in ‚Männer interessieren sich für Krieg und Gewalt und Frauen für schmalzige Liebesbeziehungen' wieder aufleben zu lassen. Schülerinnen können sehr wohl auch vom ‚Heroischen' oder von Kampfszenen begeistert sein; gleichzeitig ist das Thema ‚Liebe' – auch wenn sie es oft nicht zugeben wollen – für Schüler ein ebenso bedeutender aktueller Lebensbereich.

Um den wichtigen Bereich des gehirn-gerechten Lernens, dem Lernen einen persönlichen und sozialen Sinn zu geben, zu berücksichtigen, müssen nicht nur männliche Identifikationsfiguren angeboten werden, sondern auch weibliche. Wenn den SchülerInnen relevante Beziehungen mittelalterlicher Literatur zu ihrem Leben bewusst gemacht werden, dann in der Hoffnung, dass sie sich in der Unterrichtseinheit und auch später bereitwillig eingehender auf mittelalterliche Literatur einlassen wollen.

Ich fühle mich auch deshalb verpflichtet, den Genderdiskurs aufzugreifen, da sowohl das *Nibelungenlied* als auch der *Herr der Ringe* mehr oder weniger patriarchale Gesellschaften präsentieren.[161] Daher ist die Frage berechtigt, ob es überhaupt Heldinnen bzw. weibliche Identifikationsfiguren in diesen beiden Werken gibt.

Im *Nibelungenlied* begegnen uns zwei weibliche Hauptfiguren: Kriemhild und Brünhild. Bei der Analyse dieser beiden Frauen steht außer Frage, dass beide in der höfisch-mittelalterlichen Welt mit ihrer patriarchalen Wertvorstellung nur einen ihnen von den Männern zugewiesenen Platz einnehmen. Kriemhild ist wie keine andere Figur

---

[161] Vgl. zur Genderthematik im Nibelungenlied: Maren Jönsson: Ob ich ein Ritter wære. Genderentwürfe und genderrelativierte Erzählstrategien. Uppsala: University Library 2001. (=Studia Germanistica Upsaliensia. 40.) [Zugl.: Uppsala, Diss. 2001].

des *Nibelungenlieds* mit dem Höfischem verbunden und weist keinerlei Eigenschaften auf, durch die sie dem Bereich des Heroischen angehören würde, wie ich es im Kapitel ‚Was und Wer ist ein Held / eine Heldin' skizzierte. Gerade im ersten Teil des *Nibelungenlieds* ist sie völlig passiv und dient vielmehr als Lohn, als Objekt der Eroberung durch den Helden – in diesem Fall Siegfried. Auch wenn sie im zweiten Teil des *Nibelungenlieds* eine aktivere Rolle, vor allem die als Rächerin, einnimmt, so steht zweifelsfrei fest, dass sie keine außergewöhnliche (kriegerische) Tat vollbringt. Sie lässt kämpfen, statt selber in die Schlacht einzugreifen, was völlig untypisch im Bezug auf das Heroische ist.

Brünhild hingegen besitzt ambivalente Eigenschaften: Einerseits besticht sie wie Kriemhild durch besondere Schönheit, andererseits zeichnet sie sich zu Beginn durch unermessliche und für eine Frau untypische Kraft aus, freilich nur so lange, bis sie bezwungen und mit dem Akt des Beischlafes ihrer Kräfte beraubt wird.

Doch gerade ihre Einführung zu Beginn der 6. Aventiure [NL Str. 326] lässt sie als Heldin auftreten:

> *Ez was ein küneginne gesezzen über sê,*
> *ir gelîche enheine man wesse ninder mê.*
> *diu was unmâzen scœne, vil michel was ir kraft.*
> *sie scôz mit snellen degenen umbe minne den scaft.*

> Es lebte jenseits des Meeres eine Königin, und man hätte
> keine nennen können, die ihr gleichgekommen wäre.
> Sie war unbeschreiblich schön, und ungewöhnlich groß war ihre Kraft.
> Mit kampfschnellen Männern maß sie sich im Speerwerfen,
> wenn diese ihre Liebe gewinnen wollten.

Während Kriemhild unter der Vormundschaft ihrer Brüder steht, *die fürsten hetens in ir phlegen* (NL Str. 4,4), herrscht Brünhild über ihr eigenes Reich und trifft ihre Entscheidungen selbst. Sie ist ganz und gar nicht schwach und wehrlos! Vielmehr präsentiert sie sich durch ihre politische und militärische Macht den Helden sehr wohl ebenbürtig, ja vielleicht sogar überlegen. Besiegt wird sie mit Hilfe von Magie und Betrug – von märchenhaften Motiven, die auch eine überschichtete mythische Ebene widerspiegeln.[162] Brünhild eignet sich sehr wohl für die Fragestellung, ob es emanzipierte Heldinnen im Mittelalter und im *Nibelungenlied* gab.

Sie aber in die Nähe einer matriarchalen Herrscherin zu rücken, wäre falsch. Brünhild hat nach eigener Aussage (NL Str. 518,3f.) das Erbe des Vaters – und nicht der Mutter – angetreten, wie dies in einer matriarchalen Gesellschaft üblich wäre. Außerdem übergibt sie ihre Länder bis zur endgültigen Machtübernahme Gunthers ihrem Onkel zur Verwaltung – und keinem weiblichen Statthalter.

Bei aller Ungewöhnlichkeit dieser Figur im höfischen Kontext sollte nicht vergessen werden, dass diese amazonenhafte Heldin letztlich zu einer ‚domestizierten Amazone‘ wird. Die Niederlage der Männer gegen diese märchenhafte Heldin wäre eine katastrophale Störung der höfischen Ordnung gewesen, die unter keinen Umständen stattfinden durfte.[163] Brünhild ist den Männern eindeutig verdächtig, wie „kämpfende Frauen dem Mittelalter grundsätzlich"[164]. Hagen und Gunther erscheint sie sogar als *des tiuveles wîp* (NL Str. 438,4). Die schonungslose Gewaltanwendung Siegfrieds in der zweiten Brautnacht ‚löst‘ schließlich den Geschlechterkampf. Diese offene Gewalt gegen Frauen ist im *Nibelungenlied* nicht nur an dieser Stelle zu finden. Nach ihrer Domestizierung bzw. nach Siegfrieds Ermordung verschwindet Brünhild im Dunkeln. Im Zusammenhang mit der Frage nach den

---

[162] Vgl. Ursula Schulze: Brünhild – eine domestizierte Amazone. In: Sagen- und Märchenmotive im Nibelungenlied. Dokumentation des dritten Symposiums von Stadt Worms und Nibelungenlied Gesellschaft Worms e. V. Hrsg. von Gerold Bönnen und Volker Gallé. Worms: Stadtverlag Worms 2002 (=Schriftreihen der Nibelungenlied-Gesellschaft Worms e. V. 2.) S. 124.

[163] Vgl. ebda, S. 123ff.

[164] Elisabeth Lienert: Gender Studies. Gewalt und das ‚Nibelungenlied‘. In: Der Mord und die Klage. Das Nibelungenlied und die Kulturen der Gewalt. Dokumentation des vierten Symposiums Nibelungenlied-Gesellschaft Worms e. V. Hrsg. von Gerold Bönnen und Volker Gallé. Worms: Stadtverlag Worms 2003. (=Schriftreihen der Nibelungenlied-Gesellschaft Worms e. V. 3.) S. 149.

Geschlechterrollen bzw. Heldinnen und Helden im *Nibelungenlied* ist auf die Rolle Brünhilds unbedingt einzugehen.[165]

Die Heldinnen in der mittelalterähnlichen Welt des *Herrn der Ringe* sind nicht sehr zahlreich und ähnlich den Frauenfiguren im *Nibelungenlied* starken gesellschaftlichen Schranken unterworfen. Der *Herr der Ringe* zeigt ohne Frage (zumindest auf den ersten Blick)[166] eine Männergesellschaft, und Männer leisten den überwiegenden heroischen Anteil am Handlungsfortgang. Dieses Faktum werfen ihm – nicht grundlos – vor allem weibliche LeserInnen vor.

Ohne auf Tolkiens Geschlechtervorstellungen näher eingehen zu wollen, behaupte ich, dass Mittelerde eine mehrheitlich patriarchale Gesellschaft darstellt. Auch wenn in der Figur der Schildmagd Éowyn einige Muster durchbrochen werden, führt uns Tolkien eine mittelalterähnliche Gesellschaft vor Augen, in der Frauen und Männer die traditionellen geschlechtertypischen Rollen einnehmen.

Der Mangel an weiblichen Protagonisten in der ‚Ringsaga' zeigt sich etwa auch dadurch, dass Regisseur Peter Jackson für seine filmische Bearbeitung die Rolle *Arwen Undómiels (Abendstern)* deutlich stärker betonte als im Buch beschrieben und ihr sogar Aufgaben von anderen Figuren übertrug.[167] Das hängt gewiss mit der für den Film dramaturgisch wichtigen Liebesbeziehung zu Aragorn zusammen, sicher aber auch mit dem Mangel an weiblichen Identifikationsmöglichkeiten, denn keiner der neun (handlungstragenden) Gefährten ist eine Frau. Tolkien beschreibt die Liebesbeziehung zwischen Aragorn und Arwen fast

---

[165] Weiterführende Literatur zu Brünhild und Kriemhild: Freche, Geschlechterkonstruktion, S. 118 - 123 (Brynhild: Walküre, Schildmädchen, höfische Dame) und S. 127 - 135 (Kriemhild/Gudrun: höfische Dame, grausame Rächerin).

[166] Bei aller Machtfokussierung auf die Männer im *Herrn der Ringe* darf nicht vergessen werden, dass eine der mächtigsten Gestalten von Mittelerde Galadriel, die Königin der Elben Lóriens, ist. Galadriel kann sich nicht nur älteste unter den Elben von Mittelerde nennen, sondern besitzt auch einen der mächtigen drei Elbenringe sowie die seltene Gabe der Prophezeiung und inneren Seelenschau. In ihrer überragenden Figur durchbricht Tolkien sein ‚männerfixiertes' Gesellschaftsschema.

[167] So bringt beispielsweise im ersten Teil der Trilogie nicht, wie im Film atemberaubend inszeniert, Arwen den verwundeten Frodo nach Bruchtal, sondern der Elbenfürst Glorfindel.

ausschließlich im Anhang und nicht im Hauptteil des *Herrn der Ringe*. Auch muss erwähnt werden, dass die Figur Arwens' wie sie im Buch geschildert wird, im Film von einer anmutigen Prinzessin zu einer zwar lieblichen, aber willenstarken Amazone verändert wird. Offensichtlich schien in der (filmischen) Neubearbeitung des 21. Jahrhunderts dieser kämpferische, heldenhafte Aspekt einer Frau betonenswert.

Als die (in Buch *und* Film) aus emanzipatorischer Sicht eindeutig auffälligste Frau kann Éowyn, die Nichte König Théodens von Rohan, bezeichnet werden. Sie legt sich die Rüstung eines Kriegers an, um endlich selbst ins Schlachtgeschehen einzugreifen. Da ihr Onkel ihr verbietet, im Kriegstross mitzureiten, muss sie heimlich unter einem Decknamen mitreiten. Die klare mittelalterliche Rollenaufteilung ‚Männer im heldenhaften Krieg' und ‚Frauen hüten Hof und Kinder' wird gerade an ihrer Person am besten sichtbar. Sie durchbricht zumindest teilweise diese Rollenverteilung und gewinnt durch ihren Sieg gegen den unbezwingbaren Anführer der Nazgûl heldenhaften Ruhm. Ironie der schicksalhaften Prophezeiung: Der Anführer der Nazgûl hätte durch ‚keines Mannes Hand'[168] fallen können; der Heldin Éowyn kommt somit ihr Geschlecht zugute.[169] Ähnlich den nordischen Walküren, denen sie wohl nachempfunden ist, bestimmt sie schicksalhaft das Schlachtgeschehen von Minas Tirith. Hier sind erstaunliche Parallelen zum Sagenkreis rund um Brünhild/Brynhild zu erkennen.[170] Folglich bieten sich weit reichende Vergleichsmöglichkeiten zwischen Brünhild und Éowyn an.

Ein Vergleich der mittelalterlichen Heldinnen mit modernen (fiktiven) Heldinnen erscheint aufschlussreich. Mit Ausnahme weniger vielschichtiger und teilemanzipierter Heldinnen wie *Electra, Xenia,*

---

[168] Diese Prophezeiung über den Schwarzen Heermeister stammte vom Elbenfürst Glorfindel in der Schlacht von Fornost.

[169] An dieser Stelle könnte vielleicht allen zukünftigen Prophetinnen und Propheten empfohlen werden, geschlechtsneutrale Weissagungen zu formulieren.

[170] Vgl. hierzu Priska Steger: „Es pfliget diu küneginne sô vreislîcher sît". Zum Schreckensmythos der isländischen Königin und Heldin Brünhild. In: Herrscher, Helden, Heilige Hrsg. von Ulrich Müller und Werner Wunderlich. St. Gallen: UVK, Facherlag Wiss. und Studium 1996, S. 357ff.

Catwoman oder *Ellen Ripley* aus *Alien* stammen die meisten aktuellen Comic-, TV- oder Leinwandheldinnen aus dem Computerspielbereich. Lara Croft – ihr Äußeres wurde augenscheinlich von testosterongeleiteten Programmierern entworfen – stellt wahrscheinlich das prominenteste Beispiel dar.[171]

Ich finde es im Zusammenhang mit dem Genderdiskurs durchaus wichtig, auf diese Rollenbilder der modernen Heldinnen hinzuweisen bzw. diese – vielleicht sogar im Vergleich mit den ‚alten' Heldinnen – kritisch zu hinterfragen.

„Helden sind geheimnisvoll, Helden sind männlich, Helden haben keine Angst vor dem Tod."[172] – Sind Helden wirklich nur männlich, wie es Wolfgang Müller Funk, der Kulturphilosoph und Co-Kurator der Niederösterreichischen Landesausstellung 2005, formuliert?! Zweifellos existieren in der Literatur wie in der Geschichtsschreibung weit mehr Helden als Heldinnen, sowohl im Mittelalter als auch in der Gegenwart. Historisch gesehen verkörpert wahrscheinlich die französische Nationalheldin Jeanne d'Arc noch am ehesten den Typus einer kampferprobten Heldin. Aber in ihrem Beispiel zeigt sich sehr gut, dass Frauen die weibliche Rolle aufgeben und zu Männern werden müssen, um Heldinnen zu werden.

Heldinnen sind ein seltenes Phänomen unserer Geschichte. Sie präg(t)en den Lauf der Geschehnisse oft maßgeblich, in der von männlichen Chronisten und Forschern dominierten Geschichtsschreibung fanden sie jedoch wenig Beachtung. Deshalb ist es wichtig, die Geschichte(n) der Heldinnen stärker ins Bewusstsein zu rücken, wie es die Niederösterreichische Landesausstellung am Heldenberg unter dem Titel *Lauter Heldinnen. Frauengeschichte sichtbar machen* erfolgreich umsetzte.

Abschließend sei noch eine interessante Randnotiz erlaubt, die auch in Hinblick auf die Bedeutung alter HeldInnen im Unterricht und der Identifikation von Frauen und Männern mit dargestellten Bildern

---

[171] Hier wären weiters die Heldinnen aus *Final Fantasy* und Alice aus *Residend Evil* zu erwähnen – beide verfilmte PC-Heldinnen.

[172] Irene Brickner: Wenig Platz für Heroen auf dem Heldenberg. In: Der Standard vom 6. Mai 2005, S. 9.

wesentlich ist. Der Grazer Amerikanist Klaus Rieser, der Männlichkeitsbilder im Film analysiert, stellt fest, dass sich Frauen mit männlichen Positionen sehr wohl identifizieren können, umgekehrt sehen sich Männer „so genannte Frauenfilme nur widerstrebend an, da es ihnen möglicherweise schwer fällt, sich mit den weiblichen Heldinnen auseinanderzusetzen"[173]. Vielleicht lässt sich das wechselseitige Verständnis der Geschlechter durch die Auseinandersetzung mit literarischen Figuren trainieren?

7.3 Gewalt und Helden im *Nibelungenlied*

Edward Haymes behauptet, dass uns im *Nibelungenlied* vor allem „zwei fatal fehlerhafte Helden"[174] gezeigt werden: Siegfried und Hagen. Beide Helden begehen nach Haymes verhängnisvolle Fehler: Siegfried täuscht gegenüber Brünhild einen niedrigeren gesellschaftlichen Rang vor. Hagen agiert hochmütig und starr und benutzt die friedensstiftenden Kräfte nur zu seinem Vorteil.[175] Diese beiden Figuren gehören sicher zu den tragischsten *recken*, wenn es auch über ihre charakterlichen Fehler durchaus unterschiedliche Meinungen in der Mediävistik gibt. Dietrich von Bern verkörpert demgegenüber den tugendhaftesten aller Helden.

Im *Nibelungenlied* kommen sehr unterschiedliche Helden vor, was den Text für den Unterricht attraktiv macht. Ich verzichte an dieser Stelle, auf alle Heldentypen detailliert einzugehen, möchte aber den Blick auf die Gewaltbereitschaft richten. Gerade weil etwa das ‚Heldengemetzel' in und vor Etzels Halle Jugendliche unreflektiert fasziniert, sie womöglich an geliebte, epische TV- oder Kinoschlachten erinnert, muss die Gewaltbereitschaft der dargestellten Helden hinterfragt werden. Viele werden erst in dieser finalen Schlacht zu Helden. „Dieses ‚Held

---

[173] Klaus Rieser: (Un)männliche Helden. In: Unizeit. Das Forschungsmagazin der Universität Graz 4 (2004), S. 9.

[174] Edward Haymes: Das Nibelungenlied. Geschichte und Interpretation. München: Fink Verlag 1999. (=UTB. 2070.) S. 139.

[175] Ebda., S. 139ff.

werden' ist die einzig positiv gewertete Handlungsperspektive"[176], wie
Jan-Dirk Müller kritisch festhält. Fragen wie ‚Gab es damals bzw. gibt es
heute Alternativen zu diesem Heldensterben?' oder ‚Wäre es nicht
erstrebenswert, wenn wir auf andere Arten HeldInnen werden?' müssen
von den Lehrenden gestellt werden. Das *Nibelungenlied* demonstriert
Männlichkeit, Status und Gewalt als nahezu gleichrangige Werte. Wenn
hegemoniale Männlichkeit heroische Männlichkeit ist, hat das fatale
Auswirkungen auf die Gewaltanwendung gerade gegen Frauen.

In diesem Verlauf der Gewaltexzesse – sie beginnen eigentlich bereits
auf der Reise am Übergang über die Donau – erscheint das Epos „nicht
nur groß, sondern faszinierend-monströs."[177] Selbst Gunther, im ersten
Teil noch Vertreter eines institutionellen Machtprinzips, wandelt sich im
zweiten Teil des *Nibelungenlieds* zum kriegerischen Helden, der heroisches Sterben vorzieht. Die ungezügelte Gewaltanwendung der Helden
ist in diesem Fall zu thematisieren, damit Gewalt und Gewalteskala-
tionen nicht unkommentiert im Raum stehen bleiben oder gar
undifferenziert bewundert werden. Welch gewaltiges (und gewalt-
tätiges) Potenzial im Nibelungenstoff existiert, zeigte uns der Missbrauch durch den Nationalsozialismus.

7.4 HeldInnenmissbrauch

Wenn im Deutschunterricht die Nibelungendichtung behandelt wird,
finde ich es unentbehrlich, HeldInnenbilder und HeldInnenmissbrauch
in Verbindung mit moderner HeldInnenverehrung zu thematisieren.
Wie ich bereits in Kap. 5.5 aufgezeigt habe, eignen sich die Nibelungen-
heldInnen durch die starken Emotionen, die sie auszulösen vermögen,
und durch die Möglichkeiten vielschichtiger Informationsvermittlung im
Hinblick auf vernetztes Lernen oder auch durch die lange Rezeptions-
und Interpretationsgeschichte in idealer Weise für den gehirn-gerechten
Mittelalterunterricht. Doch gerade die Rezeptions- und Interpretations-

---

[176] Jan-Dirk Müller: Das Nibelungenlied. Berlin: Erich Schmidt 2002. (=Klassiker-
Lektüren. 5.) S. 111.

[177] Müller, Das Nibelungenlied, S. 89.

geschichte des *Nibelungenlieds* oder noch weiter gefasst die Erzähl- und Überlieferungsgeschichte des Nibelungenstoffs, bedarf besonderer Sorgfalt. Für den heutigen Deutschunterricht ist der Missbrauch des Nibelungenstoffs im 19. und 20. Jahrhundert in Deutschland und auch anderswo nicht mehr wegzudenken. Die NibelungenheldInnen mussten zur Bewältigung des verlorenen Ersten Weltkriegs genauso herhalten wie zur Verwindung des als demütigend empfundenen Versailler Vertrages.

Generalfeldmarschall Paul von Hindenburgs Kommentar zur Deutschen Kapitulation lautete:

> Wie Siegfried unter dem hinterlistigen Speerwurf des grimmigen Hagen, so stürzte unsere ermattete Front; vergebens hatte sie versucht, aus dem versiegenden Quell der heimatlichen Kraft zu trinken.[178]

Die perfideste Ausprägung hatte der Missbrauch während des so genannten Dritten Reichs; seinen Höhepunkt erreichte er mit Hermann Görings Appell an die ‚Nibelungentreue' – zuvor bereits von Fürst von Bülow vor dem Reichstag 1909 beschworen –, in seiner ‚Stalingrad-Ansprache' an die deutsche Wehrmacht am 3. Februar 1943. Im Rahmen der Behandlung des *Nibelungenlieds* im Deutschunterricht und – wie in dieser Arbeit ja hervorgehoben – innerhalb der besonderen Berücksichtigung des Heroischen sollte die ideologische ‚Schändung' unbedingt diskutiert werden. Die Thematisierung des Missbrauchs literarischer und mythologischer Stoffe, von Symbolen und Begriffen im Imperialismus und Faschismus, sehe ich durchaus als einen wichtigen Beitrag des Deutschunterrichts zur politischen Bildung. Mir ist bewusst, dass die Betonung des Heroischen im *Nibelungenlied* (oder auch im *Herrn der Ringe*) ein gewisses Gefahrenpotential enthält. Bei unreflektierter, reduzierter Behandlung könnte leicht der Eindruck von missbräuchlicher HeldInnenverehrung entstehen. Dem kann entgegengewirkt werden – etwa durch die kritische Beleuchtung der völkisch-nationalen Nibelungenpädagogik und Heldenverehrung, die in Einklang mit der

---

[178] Ursula Schulze: Das Nibelungenlied. Stuttgart: Reclam 1997, S. 292.

nationalsozialistischen Ideologie dem *Nibelungenlied* „jene heldischen und rassischen Ewigkeitswerte"[179] zugewiesen hatte. Im heutigen Deutschunterricht muss den Lehrenden deshalb der lange Missbrauch und die daraus entstandene schwere ‚Hypothek' des *Nibelungenlieds* bewusst sein. Trotzdem stellt das keinen Grund dar, dieses so maßgebende mittelalterliche Werk zu tabuisieren oder zu vernachlässigen.

Ohne Probleme finden sich aktuelle Beispiele des HeldInnenmissbrauchs. Der fragwürdige, politisch inszenierte Kult um die amerikanischen ‚Freedom Fighters' im Irak oder die kroatische Heldenverehrung des mutmaßlichen Kriegsverbrechers Ante Gotovina zeigen, dass die Instrumentalisierung so genannter HeldInnen oder bewusst zu (Kriegs-)HeldInnen stilisierter Männer und Frauen, auch in unserer Zeit immer noch vorkommt. Moderne Zeitbezüge fehlen daher nicht.

Die bereits erwähnte Niederösterreichische Landesausstellung 2005 am Heldenberg spürte HeldInnen verschiedenster Art auf: Heeresführer, Pop- und Sportidole – von Herakles über Romy Schneider bis hin zu Reinhold Messner. Ein sehr kritisches Auge wurde etwa auf ‚unseren' Helden Radetzky und auch die „Zweigesichtigkeit des Heldentums"[180] generell geworfen.

7.5 Moderne HeldInnen

Ob Harry Potter, Frodo oder Neo – die Welt ist in Gefahr und die Helden machen sich auf, um die Welt vor dem drohenden Abgrund zu retten. Wer glaubt, die Welt brauche keine HeldInnen mehr, täuscht sich. Sich ständig überbietende Buchverkaufszahlen oder Kinoeinnahmen verdanken sich zu einem guten Teil literarischen HeldInnenfiguren. Mancherorts wird sogar von der ‚Rückkehr der HeldInnen' gesprochen. Ohne Zweifel ist die Sehnsucht nach dem Heroischen ungebrochen und

---

[179] Zit: nach: Wunderlich, Nibelungenpädagogik, S. 354.
[180] Brickner, Heroen, S. 9.

vielleicht stärker denn je: „Der Held ist denn auch der heimliche Fluchtpunkt vieler Sehnsuchtsmotive"[181].

Das ‚Zeitalter der Helden' ist also keineswegs vorbei, auch wenn die HeldInnen mittlerweile anders genannt werden. In der Managementliteratur werden sie ‚Vorbilder' genannt, auch wenn kein Zweifel besteht, dass klassische HeldInnen damit gemeint sind. [182]

Auffallend ist, dass im Gegensatz zu den elitären altertümlichen oder mittelalterlichen Helden heute auch ‚einfache' Menschen zu HeldInnen erhoben werden können – man denke an die New Yorker PolizistInnen und Feuerwehrleute, die nach den Anschlägen am 11. September 2001 als heroische RetterInnen und KämpferInnen gegen ‚das Böse' gefeiert wurden. Und als ‚stille HeldInnen' oder ‚Heldinnen des Alltags' werden heute vielfach Menschen bezeichnet, die Zivilcourage beweisen oder außergewöhnliche soziale Taten setzen.

HeldInnen in großer Zahl bringt auch die Sportwelt hervor: Österreichische Sporthelden wie Karl Schranz (bei seinem Empfang am Kanzlerbalkon am Heldenplatz am 8. 2. 1972), Niki Lauda (1976 nach seinem Unfall am Nürburgring) oder Hermann Maier (durch seinen Sturz am 13. 2. 1998 in Nagano/Japan) haben sich uns als ruhmreiche, nicht zu besiegende Heroen in unser Gedächtnis eingeprägt. Ob Stars aus der Welt des Fußballs oder aus der Musik- und Filmszene – viele junge Menschen nennen heute Idole aus diesen Lebensbereichen ‚ihre' HeldInnen, die ihnen Orientierung geben und als Vorbild dienen.

Was moderne HeldInnen mit ihren ‚alten' VorgängerInnen sicher gemeinsam haben, ist, dass – wie Siegfried im *Nibelungenlied* – ‚jung und fesch' zu sterben, offenkundig eine gute Voraussetzung darstellt, um ins Pantheon der Heroen einzuziehen. Als fast schon klischeehaft möchte ich hier John F. Kennedy, Kurt Cobain und Ché Guevara nennen. Auch eine Frau könnte sich an dieser Stelle einreihen: die ‚Prinzessin der Menschlichkeit', Lady Diana.

---

[181] Robert Misik: Du sollst ein Held sein! In: Der Standard (Album) vom 11. 6. 2005, S. A2.

[182] Vgl. Karin Bauer: Der innere Kompass. In: Der Standard (KarrierenStandard) vom 8/9. 10. 2005, S. E1.

‚Alte' wie neue HeldInnen scheinen dank ihrer archetypischen Prägung geeignet, unsere tiefe Sehnsucht nach Außergewöhnlichkeit zu stillen. Die Reflexion und genauere Betrachtung dieser Faszination des Heroischen kann durchaus ein wichtiges didaktisches Ziel sein. Mit Hilfe der Nibelungen und der tolkienschen HeldInnen eröffnen sich hier erstaunliche Möglichkeiten.

Praktische Umsetzung

8. Textbeschreibung und Inhalt

8.1 Das *Nibelungenlied*[183]

Um 1200 in Passau von einem Unbekannten auf Pergament gebracht, gehört das *Nibelungenlied* zu den Hauptwerken der höfischen Literaturperiode zwischen 1170 und 1230, die oft analog zur ‚Weimarer Klassik' als ‚Klassik des Mittelalters' bezeichnet wird. Der Text ist in 34 handschriftlichen Zeugnissen, darunter 24 Bruchstücken, überliefert, die in über 300 Jahren entstanden sind. Drei Handschriften daraus werden von der Forschung besonders hoch eingeschätzt: Handschrift A, die Hohenems-Münchner Handschrift mit 2316 Strophen, Handschrift B, die St. Galler Handschrift mit 2379 Strophen, und Handschrift C, die Donaueschinger Handschrift mit 2442 Strophen. Handschrift C schließt mit dem Vers *daz ist der Nibelunge liet*, Handschrift A und B hingegen enden mit *daz ist der Nibelunge nôt*. Die vollständigen Handschriften überliefern im Anschluss an das *Nibelungenlied* die ‚Klage', eine Art kommentierter Fortsetzung über das weitere Schicksal der Trauernden. Das *Nibelungenlied* ist in sangbaren vierzeiligen Strophen gedichtet. Die so genannte Nibelungenstrophe besteht aus vier Langzeilen, die jeweils in zwei Halbzeilen zerfallen. Die ca. 2400 Strophen sind in 39 Aventiuren untergliedert, von denen die Aventiuren 1-19 von Siegfrieds Werbung und Tod, die Aventiuren 20-39 vom Burgundenuntergang berichten. Beide Teile werden vor allem durch die Figur Kriemhild kausal miteinander verbunden.

---

[183] Ich verwende folgende auf der Handschrift B beruhende Textausgabe: Das Nibelungenlied. Nach dem Text von Karl Bartsch und Helmut de Boor ins Neuhochdeutsche übersetzt von Siegfried Grosse. Durchges. und verb. Ausg. Stuttgart: Reclam 1999. (=Reclam Universal-Bibliothek. 644.)

Zur Problematik von Inhaltsangaben:[184]

Inhaltsangaben tragen einen wichtigen Teil zur Kenntnis älterer Literatur bei, denn wer nimmt sich heute noch die Zeit, Tausende von Versen zu lesen, noch dazu in einer ungewohnten, fremd anmutenden Sprache. Auch wenn es für die Textsorte ‚Inhaltsangabe' keine verbindlichen Richtlinien gibt, sollten sie vor allem drei Ansprüchen genügen: atemporale Darstellungsweise (Verwendung des Präsens), die Forderung nach Wertfreiheit und das Gebot der Kürze. Die durchschnittliche Länge vieler Inhaltsangaben des *Nibelungenlieds* in Lexika und Literaturgeschichten ist mit ca. 1200 Wörtern relativ umfangreich und die inhaltliche Gewichtung äußerst unterschiedlich. Das zeigt, dass das Gebot der Kürze und die damit verbundene Frage nach dem Wichtigen und Nebensächlichen sehr stark von der subjektiven Sicht der jeweiligen VerfasserInnen von Inhaltsangaben beeinflusst wird. Dem könnte bis zu einem Grad die angemessene Berücksichtigung der ermittelten Kern-Inhalte der Dichtungen entgegenwirken. Weiters sollten Inhaltsangaben keinerlei stofffremde Hinweise, Quellen oder Forschungsmeinungen einfließen lassen. Für die sachliche Gewichtung könnten nach Hofmeister drei Bereiche hilfreich sein: die narrative Syntagmatik, die narrative Qualitäts-Markanz und die narrative Motiv-Markanz.[185]

Es gibt bei Inhaltsangaben zum *Nibelungenlied* freilich einige besondere Erschwernisse. Neben der Verschmelzung mehrerer Sagenkreise existieren vor allem in der Überlieferung des Nibelungenstoffs Besonderheiten. Die verschiedenen Handschriften sind keine Abschriften, sondern selbstständige Bearbeitungen des Nibelungenstoffs. Der folgenden Inhaltsangabe liegt aus Gründen der Einfachheit nur die

---

[184] An dieser Stelle danke ich meiner Studienkollegin Judith Strobich bedanken, die mir zu diesem Kapitel einige wertvolle Anregungen gab.

[185] Vgl. Wernfried Hofmeister: 'Inhaltsangaben' als literaturhistorische Herausforderung dargestellt am Beispiel von Heinrich Wittenwilers Versepos "Der Ring". In: Jahrbuch für Internationale Germanistik. Hrsg. von Hans-Gert Roloff. Frankfurt am Main: Lang 2003. (Jahrgang 35. H. 2.) S. 169-201.

B-Fassung zugrunde. Dem Gebot nach Kürze wurde mit 526 Wörtern nur zum Teil entsprochen.

Inhalt:

Der niederländische Königssohn Siegfried aus Xanten bricht zu einer Werbungsfahrt an den Burgundenhof in Worms auf, wo Kriemhild in der Obhut ihrer Brüder, der Königssöhne Gunther, Gernot und Giselher lebt. Hagen, ein Vasall ihrer Brüder, berichtet von Siegfrieds Stärke, der Hortgewinnung und dem Bad im Drachenblut. Nach seinen großen Verdiensten im Krieg gegen die Sachsen und Dänen darf Siegfried Kriemhild zum ersten Mal sehen und ihm wird ihre Hand versprochen, wenn er es Gunther ermöglicht, Brünhild, die Königin von Isenstein, als Frau nach Worms zu holen. Siegfried gibt sich als Vasall Gunthers aus und hilft ihm, unsichtbar durch seine Tarnkappe, die Freierwettkämpfe gegen Brünhild zu bestehen und wird mit Kriemhild verlobt. Brünhild bricht in Tränen aus, da sie glaubt, Siegfried sei nur ein Vasall Gunthers und diese Ehe somit nicht standesgemäß. In der Nacht verweigert sie sich ihrem Mann und hängt ihn mit ihrem Gürtel gefesselt an einen Nagel. Siegfried hilft Gunther zum zweiten Mal unsichtbar Brünhild zu bezwingen und entwendet ihr dabei ihren Gürtel und ihren Ring. Zehn Ehejahre sind vergangen, als Brünhild ihren Mann überredet, Siegfried und Kriemhild nach Worms auf ein Fest einzuladen, wo die beiden auch erscheinen. Bei dieser Gelegenheit kommt es zwischen den zwei Königinnen zum Streit: Kriemhild sieht sich und Siegfried gleichwertig, wenn nicht sogar höher gestellt als das Wormser Königspaar. Brünhild dagegen behauptet Siegfried und Kriemhild seien ihre Untergebenen. Der Streit eskaliert, als Kriemhild Brünhild als *kebse* beschimpft, ihr zum Beweis Gürtel und Ring vorzeigt und Brünhild erniedrigt, indem sie ihr den Vortritt ins Münster nimmt. Um Brünhilds Ehre wieder herzustellen, plant Hagen Siegfried zu ermorden. Er ruft einen fingierten Krieg aus, um Kriemhilds Sorge auszunutzen und ihr das Geheimnis von Siegfrieds verwundbarer Stelle zu entlocken. Mit diesem Wissen tötet Hagen hinterrücks den unbewaffneten Siegfried, als der sich gerade über eine Quelle zum Trinken beugt. Kriemhilds Schmerz über

Siegfrieds Tod wird dadurch gesteigert, dass Hagen ihr den Nibelungenhort raubt und im Rhein versenkt. Jahre später sieht Kriemhild
eine Chance auf Rache, als der Hunnenkönig Etzel durch Rüdiger von
Bechelaren um ihre Hand anhalten lässt. Nach dreizehn Ehejahren an
Etzels Hof erreicht sie, dass Etzel ihre Brüder einlädt. Die Burgunder
begeben sich mit einem riesigen Heer und trotz Hagens größtem
Misstrauen auf die Reise ins Hunnenland. Die Könige ignorieren
Vorzeichen und Warnungen, die auf den bevorstehenden Untergang
hinweisen, und gelangen schließlich über Passau und Bechelaren, wo
sich Giselher mit Rüdigers Tochter verlobt, zu Etzels Burg. Gegenseitige
Provokationen und ein Angriff auf die burgundischen Recken führen
schließlich zum Vernichtungskampf in der Herrenhalle. Hagen enthauptet den gemeinsamen Sohn Etzels und Kriemhilds. Die Burgunden
vernichten das hunnische Heer, sodass Rüdiger mit seinen Mannen
schließlich selbst gegen die befreundeten Burgunden kämpfen muss.
Gernot tötet Rüdiger, was schließlich zur Einmischung der Krieger
Dietrichs von Bern und dessen Waffenmeisters Hildebrand führt.
Dietrich gelingt es, die letzten Überlebenden Gunther und Hagen zu
bezwingen und Kriemhild auszuliefern, die Hagen nach dem ver-
borgenen Hort fragt. Als dieser das Geheimnis nicht preisgeben will,
solange einer seiner Herren lebt, wird Gunther enthauptet. Hagen behält
das Geheimnis trotzdem für sich; daraufhin tötet ihn Kriemhild
persönlich. Etzel, Dietrich von Bern und Hildebrand sind die einzigen
Überlebenden, da Kriemhild durch die Hand Hildebrands stirbt.

8.2 *Der Herr der Ringe*[186]

The Lord of the Rings von John R. R. Tolkien erschien im englischen Original in drei Teilen in den Jahren 1954 und 1955. Die ersten deutschen Übersetzungen von Margaret Carroux und Ebba-Margareta von Freymann wurden 1969/1970 veröffentlicht. Der über 1200 Seite fassende Roman ist in sechs Bücher gegliedert und besitzt umfangreiche Anhänge, die die Hintergründe und den Werdegang der wichtigsten Akteure der Ringgemeinschaft vor und nach den Ereignissen der sechs Bücher weiterverfolgt. Die Aufsplittung in drei Teile (*Die Gefährten, Die zwei Türme* und *Die Rückkehr des Königs*) erfolgte nicht aus literarischen, sondern nur aus Kostengründen von Seiten des Verlags. Weitere Details zur Entstehung und zu den Hindergründen des Werks sind im Kap. 6. „Das Phänomen Tolkien" nachzulesen.

Inhalt:

Der erste Teil des *Herrn der Ringe, Die Gefährten*, erzählt, wie der Zauberer Gandalf der Graue entdeckt, dass der Ring, den Frodo der Hobbit von seinem Onkel Bilbo bekommen hat, der *Eine Ring* ist, der Beherrscher aller Ringe der Macht. Es wird berichtet, wie Frodo und seine Gefährten aus ihrer Heimat, dem friedlichen Auenland, verfolgt von den *Schwarzen Reitern* von Mordor unter größten Gefahren und nur mit Hilfe des Waldläufers Aragorn zu Elronds Haus in Bruchtal, der

---

[186] Obwohl die aktuellste deutsche Übersetzung von Wolfgang Krege aus dem Jahre 2000 stammt, verwende ich die deutsche Übersetzung von Margaret Carroux und Ebba-Margareta von Freymann. Die neue Übersetzung von Wolfgang Krege versucht stärker als die alte, Tolkiens zwischen den verschiedenen Figuren der Handlung stark wechselnden Sprachstil auch im Deutschen wiederzugeben Leider ist das nicht immer ganz geglückt, da Krege das Deutsch der 1990er Jahre als Gradmesser verwendet. Das führt zu befremdlich übersetzt klingenden übersetzten Stellen. Ein Beispiel mag genügen: Aus der von Samweis üblichen Anrede für Frodo, *Herr* (für master), wird in der neuen Übersetzung *Chef*, ein Wort, das das Verhältnis eines ländlichen Gärtnergesellen zum ‚adligen' Herr nicht gerade gut trifft.

Zufluchtsstätte der Elben, kommen. Dort wird vom *Weißen Rat* beschlossen, den Ring im Berg des Feuers in Mordor, der Heimat des Feindes, zu zerstören. Frodo wird zum Ringträger bestimmt und ihm eine Gemeinschaft zur Seite gestellt. Diese besteht aus Aragorn und Boromir (Sohn des Truchsess von Gondor) als Vertretern der Menschen, Legolas (Sohn des Elbenkönigs von Düsterwald) für die Elben, Gimli vom *Einsamen Berg* für die Zwerge, Frodos Diener Samweis, mitsamt den Freunden Meriadoc und Peregrin für die Hobbits und aus dem Zauberer Gandalf den Grauen, der die Gemeinschaft anführt. Die Gefährten versuchen zuerst den hohen Pass von Caradhras zu überschreiten. Als dies misslingt, führt sie Gandalf durch das verborgene Tor in die Minen von Moria. Dort stürzt Gandalf im Kampf mit einem Balrog, einem mächtigen Dämonen, in den tiefen Abgrund. Nun führt Aragorn, der geheime Erbe der alten Könige des Westens, die Gruppe durch das Elbenland Lórien – Heimat der mächtigen Elbenfürstin Galadriel, die die Gefährten mit magischen Waffen beschenkt – und entlang des großen Stroms bis zu den Rauros-Wasserfällen. Die Gemeinschaft bemerkt, dass Gollum, ein Geschöpf, das einst den *Einen Ring* besessen hat, ihren Spuren folgt. Als sich Frodo entschließt, seine Wanderung in das Land des Feindes allein fortzusetzen, versucht Boromir sich des Ringes mit Gewalt zu bemächtigen. Doch Frodo kann mit seinem Diener Samweis entkommen und seinen Weg nach Mordor fortsetzen. Der erste Teil bzw. das zweite Buch endet damit, dass Boromir durch einen plötzlichen Angriff der Orksoldaten des dunklen Herrschers von Mordor und des Verräters Sarumans, ein mächtiger Zauberer, getötet wird und die Gemeinschaft der Gefährten zu zerfallen beginnt.

Im zweiten Teil, dem dritten und vierten Buch, mit dem Titel *Die zwei Türme*, wird zu Beginn von Boromirs Reue, seinem Tod und seiner Bestattung berichtet, weiters von der Entführung der Hobbits Meriadoc und Peregrin durch Orksoldaten und deren Verfolgung durch Aragorn, Legolas und Gimli. Die Reiter von Rohan, geführt von ihrem Marschall Éomer, umzingeln am Rande des Waldes von Fangorn die Orksoldaten und vernichten sie. Meriadoc und Peregrin fliehen während dieses Angriffs in den Wald, begegnen dort dem Baumwesen Baumbart und werden Zeugen, wie sein Baumvolk nach der Brandrodung durch

Sarumans Orks zornentbrannt auf die Festung Isengart marschiert. Inzwischen treffen Aragorn und seine Gefährten Éomer, der ihnen Pferde zum Weiterreiten überlässt. Während sie vergeblich nach den Hobbits suchen, finden sie Gandalf vom Tode zurückgekehrt. Mit ihm reiten sie nach Rohan zum Hof Théodens. Gandalf heilt den alten König und entreißt ihn dem unheilvollen Einfluss seines Beraters Gríma Schlangenzunge, einem geheimen Verbündeten Sarumans. Dann reiten sie König Théodens Heer gegen die Streitmacht von Isengart und siegen in der Schlacht von Helms Klamm. Gandalf geleitet die siegreichen Verbündeten nach Isengart, das durch das Baumvolk zerstört wurde. Dort treffen sie auf Meriadoc und Peregrin. Im unbezwingbaren Turm von Orthanc sind Saruman und Gríma Schlangenzunge gefangen. Da Saruman keine Reue zeigt, nimmt ihm Gandalf seine Macht, indem er symbolisch dessen magischen Stab zerbricht. Gríma versucht einen Stein auf Gandalf zu werfen, trifft ihn jedoch nicht. Peregrin hebt den Stein auf, bevor ihn Gandalf an sich nehmen kann. Es zeigt sich, dass es ein *Palantír, ein Sehender Stein* von Númenor, ist. Peregrin kann der Verlockung durch den Stein nicht widerstehen, stiehlt ihn, blickt hinein und offenbart sich somit dem dunklen Herrscher Sauron. Das dritte Buch endet damit, dass Gandalf mit Peregrin zur Hauptstadt Gondors nach Minas Tirith reiten, wo der erste Schlag Saurons droht.

Im vierten Buch irren Frodo und Samweis durch die Berge des Emyn Muil. Sie werden von Gollum angegriffen, Frodo kann ihn jedoch zähmen und seine Bosheit scheinbar bezwingen, sodass Gollum sie durch die *Toten-Sümpfe* zum *Schwarzen Tor*, dem Eingang nach Mordor, führt. Von dunklen Kreaturen bewacht, ist das Tor unpassierbar, und Gollum führt die beiden weiter zu einer geheimen Pforte südlich des Schattengebirges. Auf dem Weg dorthin werden sie von Faramir, Boromirs Bruder, aufgegriffen. Faramir widersteht der Versuchung, den Ring an sich zu nehmen, und lässt sie weiter zum Pass der Spinne wandern. Als sie die Stadt Minas Morgul passieren, sehen sie, dass Sauron gerade sein erstes Heer in den Krieg aussendet. Am Pass verrät Gollum, der hofft, dadurch den Ring wieder in seinen Besitz zu bringen, die beiden Hobbits an die Spinne Kankra. Samweis gelingt es Gollums Angriff abzuwehren und Kankra zu verwunden. Frodo jedoch wird von

Kankra gestochen und Sam glaubt, sein Herr sei tödlich verwundet. Er nimmt den Ring an sich und beschließt die Aufgabe alleine zu vollenden. Verborgen durch den Ring muss Sam miterleben, wie eine Horde Orks Frodo mitnimmt, und hört, dass sein Herr durch Kankras Gift nur betäubt ist. *Die zwei Türme* enden damit, dass Frodo von den Orks zum Turm des Feindes verschleppt wird und Sam sie heimlich verfolgt.

Die Rückkehr des Königs beginnt mit Gandalfs und Peregrins Ankunft in Minas Tirith, wo sie von Gondors Truchsess Denethor, der den Tod seines geliebten Sohnes Boromir beweint, empfangen werden. Inzwischen mobilisiert König Théoden, herbeigerufen von Gondor, seine Truppen für den Krieg gegen Mordor. Aragorn entscheidet sich mit Legolas und Gimli über den *Pfad der Toten* nach Gondor zu ziehen. Am Berg Erech ruft Aragorn die Toten herbei, gibt sich als Isildurs Erbe zu erkennen und verpflichtet die Geister zur Heerfolge. Als König Théodin von Gondors Boten gerufen wird, versammelt er sein Heer und reitet nach Osten, um Gondor zu helfen. Faramir kehrt währenddessen mit seinen Männern nach Minas Tirith zurück. Kurz vor der Stadt wird er von den geflügelten Nazgûl, Dienern Saurons, angegriffen und verfällt durch seine Verletzungen in Fieber. Das zahlenmäßig weit überlegene Heer Mordors, angeführt vom Herrn der Nazgûl, erreicht die Tore Gondors. Denethor glaubt in diesem Krieg keine Chance zu haben und will sich gemeinsam mit seinem Sohn Faramir verbrennen. Im allerletzten Moment können ihn Gandalf und Peregrin davon abhalten. Die Übermacht Mordors scheint nicht aufzuhalten zu sein, doch in der allergrößten Not erscheinen die Reiter Rohans und wenden das Kriegsgeschehen. Gemeinsam mit Aragorn, der mit dem Totenheer eintrifft, siegen die Heere Gondors und Rohans. Auch der Herr der Nazgûl wird von Éowyn, der Nichte König Théodens, mit Meriadocs Unterstützung besiegt. Der errungene Sieg hat dennoch einen hohen Preis: Denethor, verwirrt durch den Feind, verbrennt in den selbst entfachten Flammen, und auch Théoden, König von Rohan, fällt in der Schlacht. Aragorn beweist seine königliche Herkunft, indem er die verwundeten Meriadoc, Éowyn und den im Fieber liegenden Faramir heilt. Mit den übrigen Kriegern ziehen die Heerscharen unter der Führung Aragorns und

Gandalfs in die alles entscheidende Schlacht gegen Sauron vor dem *Schwarzen Tor*. Ein riesiges, nicht enden wollendes Orkheer strömt durch das Tor hinaus und umzingelt die Soldaten Gondors und Rohans. Die ausweglose Situation wendet sich, als der *Eine Ring*, von Samweis und Frodo nach vielen Mühen bis zum Schicksalsberg gebracht, vernichtet wird: Frodo vermag es zwar vorerst nicht, den Ring in das Feuer zu werfen. Gollum beißt Frodo im Kampf um den Ring jedoch den Finger ab und nimmt den Ring an sich. Im Freudentanz darüber stürzt Gollum mit dem *Einen Ring* in die Lava im Inneren des Berges. Saurons Macht ist damit gebrochen. Seine Kreaturen hetzen nun führungslos herum, die zu Hilfe kommenden Adler vertreiben die Nazgûl und retten Samweis und Frodo. Der Sieg ist errungen und Aragorn kehrt nach Minas Tirith zurück, um als König von Gondor gekrönt zu werden. Somit erfüllt er auch Elronds Bedingung, nun die Elbenprinzessin Arwen zu heiraten. Die vier Hobbits bewältigen noch die letzte Aufgabe, ihre Heimat, das inzwischen von Saruman versklavte Auenland, zu befreien. Auch das gelingt den vier Hobbits. Dabei wird Saruman von seinem eigenen Diener Gríma Schlangenzunge erstochen. *Die Rückkehr des Königs* schließt mit Frodos Abschied von seinen Freunden und seiner letzter Reise, die ihn gemeinsam mit Gandalf und den Elben von den grauen Anfurten über das Meer in den Westen nach Valinor, in das Unsterbliche Land führt.

9. Angewandter gehirn-gerechter Mittelalterunterricht

Im folgenden praktischen Teil sollen die vorgestellten didaktischen Konzepte nun umgesetzt werden. Mit Hilfe einer Überblickstabelle werden die einzelnen Vorschläge veranschaulicht. Aus der Vielzahl an Möglichkeiten möchte ich in der Folge anhand von drei detaillierter ausgearbeiteten Beispielen den gehirn-gerechten Mittelalterunterricht ausführlicher vorstellen. Somit werden die zuvor theoretisch beschriebenen Ansätze und Charakteristika des gehirn-gerechten Mittelalterunterrichts in konkreten Anwendungsmöglichkeiten erprobt, denn schließlich muss Didaktik immer einen praktischen Bezug haben und vor allem umsetzbar sein.

Von den vielen Möglichkeiten, das *Nibelungenlied* gehirn-gerecht im Mittelalterunterricht vorzustellen, konzentrieren ich mich hauptsächlich auf Vergleichsmöglichkeiten mit dem *Herrn der Ringe*. Dieser wird sozusagen als thematische und motivorientierte ‚Brücke‘ bzw. ‚Köder‘ eingesetzt. Gleichzeitig drängt sich die besondere Berücksichtigung verschiedener Facetten des Heroischen in beiden Werken auf.
Ich möchte darauf hinweisen, dass diese praktische Umsetzung keine vollständig ausgearbeiteten Unterrichtsmaterialien beinhalten kann, das würde den Rahmen dieser Arbeit sprengen. Vielmehr sollen Ideen vorgestellt werden, die leicht und sinnvoll im Unterricht umzusetzen sind. Ich will nochmals betonen, dass es für die ‚schulische Mediävistik‘ enorm wichtig ist, sich neuen didaktischen Ansätzen zu öffnen; das Mittelalter und im Besonderen das *Nibelungenlied* eignen sich ausgezeichnet für gehirn-gerechtes Lernen.
Aufgaben des Deutschunterrichts gehen sehr oft über den literaturdidaktischen Bereich hinaus. Am Beispiel des *Nibelungenlieds* bzw. im Zusammenhang mit dem so genannten ‚Mittelalterboom‘ bietet es sich z. B. an, die Fähigkeit der SchülerInnen zu schulen, konsumierte Bilder und Mythen kritisch zu hinterfragen. Jan-Dirk Müller bringt es auf den Punkt, wenn er davor warnt, Jugendliche der Mythen- und Bilderflut

unbegleitet auszusetzen.[187] Darüber hinaus wird der Mittelalterunterricht nicht daran vorbeikommen, das durch Computerspiele, Online-Rollenspiele, Brettspiele oder Filme verbreitete Pseudo-Mittelalter und die damit verbundenen Klischees zu reflektieren. Einerseits sind den Jugendlichen heute Ritter, sprechende Pferde und verhängnisvolle Ringe näher denn je, doch oft mischt sich dieses ‚Wissen' über das Mittelalter mit Vorurteilen und Verzerrungen. Die Lehrenden könnten natürlich einfach über die simulierten Mittelalterwelten hinwegsehen und sie ignorieren. Ich unterstütze jedoch den Weg von Lydia Miklautsch, die fordert, diese Welten beispielsweise im Rahmen eines Projekts nach Inhalten und Wertvorstellungen zu untersuchen und sehr wohl im Unterricht mit einzubeziehen.[188]

9.1 Voraussetzungen und mögliche Schwierigkeiten bei der Lektüre

Bevor ich meine Unterrichtsbeispiele für den gehirn-gerechten Mittelalterunterricht im Zusammenhang mit dem *Nibelungenlied* und dem *Herrn der Ringe* vorstelle, finde ich es wichtig, Voraussetzungen und Schwierigkeiten bei der Lektüre beider Werke zu thematisieren.

In den Schulklassen herrschen unterschiedliche Rahmenbedingungen und Vorkenntnisse, die berücksichtigt werden müssen. Ohne die Berücksichtigung solcher Umstände kann sinnvolles (gehirn-gerechtes) Lernen schwer umgesetzt werden. Das beginnt bei der Frage, ob die SchülerInnen bereits Kontakt mit mittelalterlichen Texten hatten, und schließt auch Probleme der Art mit ein, ob beispielsweise die nötige Infrastruktur für Internetrecherche oder Filmvorführung vorhanden ist. Auf der Übersichtstabelle, die in Kap. 10 beginnt, kann in der Spalte „Didaktische (Vor-) Überlegungen/Voraussetzungen" nur in Stichworten auf solche Fragen eingegangen werden. Deshalb erstelle ich auf den nächsten Seiten eine Checkliste mit Fragen, die sich die Lehrenden im Vorfeld stellen sollen, um die Umsetzung verschiedener Unterrichtsvorschläge

---

[187] Vgl. Müller, Mittelalterliche Literatur, S. 54.
[188] Vgl. Miklautsch, Cyberspace, S. 48 - 55.

überhaupt in Erwägung ziehen zu können. Generell konzentriere ich mich in meinen Beispielen auf die Oberstufe der allgemein bildenden höheren Schulen. Der AHS-Unterstufen-Lehrplan für Deutsch bietet jedoch ebenfalls einen gewissen Rahmen für mittelalterliche Literatur. Für alle vier Unterstufenjahrgänge ist etwa der persönliche Zugang zu literarischen Texten ein erklärtes Ziel. In der dritten und vierten Klasse sind auch „literarische Texte mit höherem Anspruchsniveau im Hinblick auf Thema, Form und Umfang"[189] vorgesehen. Gerade die Behandlung des *Herrn der Ringe* oder die Reflexion von Sekundärwelten oder ‚Fantasy'-Literatur eignen sich gut für die Unterstufe. Da berufsbildende höhere Schulen einen immer wichtigeren Platz in der Bildungslandschaft einnehmen – die Zahl der HAK- und HTL-SchülerInnen steigt im Gegensatz zu denen allgemein-bildendender Schulen massiv –, versuche ich diesen Schultyp ebenfalls mit einzubeziehen. Es ist kein Geheimnis, dass gymnasiale Maßstäbe für die BHS oft völlig unpassend und viel zu anspruchsvoll sind.

Das führt mich zu einem weiteren heiklen Punkt: Bei allen Überlegungen und Ideen des gehirn-gerechten Mittelalterunterrichts will ich nicht verschweigen, dass viele der vorgeschlagenen Unterrichtsbeispiele am fehlenden zeitlichen Rahmen scheitern könnten. Wenn in der 6. Klasse der österreichischen allgemein-bildenden-höheren Schulen (AHS) im Lehrplan nur 3 Wochenstunden für das Mittelalter, den Humanismus und die Barockzeit neben eingehender Sprachbetrachtung vorgesehen sind, bleibt für kreative Unterrichtsgestaltung und mediävistische Botschaften wenig Raum.

Als ein weiteres Argument gegen den Einsatz mittelalterlicher Texte im Unterricht wird immer wieder die Sprachbarriere genannt. Natürlich sollten SchülerInnen nicht mit mittelalterlichen Originaltexten überfordert werden; gerade in der Unterstufe plädiere ich für einen sehr dezenten, behutsamen Einsatz und empfehle eher die Darbietung mittelalterlicher Texte als Beispiel für Sprachentwicklung, die durch die Faszination des fremdartigen Klangs und die damit verbundene Sensibilisierung für Sprachgeschichte interessant gestaltet werden kann.

---

[189] URL: http://www.bmbwk.gv.at/medienpool/781/ahs7.pdf, S. 7f.

Generell unterstütze ich beim ‚ersten Kontakt' den Einsatz verschiedener didaktisch vertretbarer Neudichtungen wie jener von Michael Köhlmeier, Franz Fühmann oder Auguste Lechner. In der Oberstufe sehe ich allerdings kein großes Problem darin, ausgewählte Textpassagen des *Nibelungenlieds* im Original zu behandeln, teils mit beigestellter neuhochdeutscher Übersetzung, teils auch auf Mittelhochdeutsch. Für meine thematischen und motivorientierten Beispiele des gehirn-gerechten Mittelalterunterrichts ist der sprachliche und sprachgeschichtliche Aspekt jedoch insgesamt sekundär, auch wenn er in einigen Beispielen einfließen wird.

Die nun folgende Checkliste soll Lehrende auf Vorbedingungen und mögliche Schwierigkeiten beim Einsatz des *Nibelungenlieds* und des *Herrn der Ringe* im Unterricht aufmerksam machen:

- Hatten die SchülerInnen bereits durch Sagen, Opernaufführungen oder Filme Kontakt mit dem Nibelungenstoff?
- Wie viele SchülerInnen haben den *Herrn der Ringe* bereits in Buchform oder als Film kennen gelernt? Besteht Vorwissen aus Computerspielen, Brett- oder Rollenspielen? Sicherlich ist Tolkiens *Herr der Ringe* ein sehr umfangreiches Werk, das im Unterricht kaum als Ganzes gelesen und behandelt werden kann. Deshalb ist es wichtig, auf das Vorwissen aus anderen Medien aufzubauen. Die Pädagogin Uta Hartwig betont in diesem Zusammenhang: „Auf diese Weise sind die Kenntnisse unserer SchülerInnen zu einem der erfolgreichsten Romane des 20. Jahrhunderts überaus umfassend. Auf dieses Vorwissen kann man im Unterricht strukturiert zurückgreifen."[190] Eine weitere zeitsparende Möglichkeit bieten auch das Leseheft für den Literaturunterricht „Herr der Ringe –

---

[190] Uta Hartwig: Tolkien: Hobbits und mehr. Online im Internet: URL: www.lehrer-online.de/dyn/275878.htm [Stand 2006-03-01].

Auswahl mit Materialen"[191] und die bewährte Lektüre-Hilfe vom Mentorverlag[192].

- Wie groß ist die Lesebereitschaft der SchülerInnen?
- Auf welches historische Basiswissen kann im Deutschunterricht aufgebaut werden? Diese Frage sollten sich Lehrende beispielsweise stellen, wenn auf den Missbrauch des Nibelungenstoffs im Imperialismus und Nationalsozialismus eingegangen werden soll.
- Sind bereits Unterrichtsreihen zu ,Fantasy'-Literatur oder Märchen- und Sagentexten stattgefunden?
- Über welche Kenntnisse im Umgang mit fiktionalen Texten (Figurenzeichnung, Erzähltechnik, Durchschauen rhetorischer Mittel etc.) verfügen die SchülerInnen?
- Wie vertraut sind die SchülerInnen mit unterschiedlichen Präsentationsformen und Präsentationstechniken?
- Sind entsprechende Möglichkeiten für fächerübergreifende Projekte (mit Geschichte, Musik oder Religion) vor Ort gegeben oder bereits etabliert?[193]
- Ist die Klasse mit alternativen Unterrichtsformen wie offenem Unterricht, handlungs- und produktionsorientiertem Literaturunterricht (Rollenspiele, Streitgespräche, Comics etc.) schon vertraut?
- Welche Sozialformen (Frontalunterricht, Einzel-, Gruppen-, PartnerInnenarbeit) sind die SchülerInnen gewohnt?
- Gibt es Erfahrungen mit individueller Klassenleistung und Leistungsbeurteilung?

---

[191] Hans-Gerd Claßen: Der Herr der Ringe (Auswahl) mit Materialen. Stuttgart: Klett Verlag 2002.

[192] Weinreich, Frank: Lektüre Durchblick „The Lord of the Rings" (Der Herr der Ringe). Auf Deutsch – mit englischen Formulierungshilfen. München: Mentor Verlag 2002. (=Lektüre Durchblick. 431)

[193] Ein äußerst gelungenes multimediales, fächerverbindendes Nibelungen-Projekt ist Michael Seeger und dem Faust Gymnasium in Staufen gelungen: Die CD dieses umfangreichen Unterrichtsprojekts ist bestellbar unter http://www.fgs.snbh.schule-bw.de/see/8/nibelung.htm [Stand 2006-03-01].

- Wie kann im Zusammenhang mit Projekten oder fächerübergreifendem Lernen eine gerechte und transparente Leistungsbeurteilung gesichert werden?
- Wie gut ist die Infrastruktur in der Klasse bzw. in der Schule? Gibt es Computer und Internet im Klassenzimmer, sind DVD- und Videogeräte vorhanden? Gerade bei Projektarbeiten mit umfangreichem Recherchebedarf brauchen die SchülerInnen PC-Arbeitsplätze in ausreichender Zahl, sonst scheitert das Projekt bereits an diesem Punkt.
- Ist den SchülerInnen der (didaktisch sinnvolle) Umgang mit Computer und Internet (z. B. für die Internetrecherche) vertraut?
- Sind die SchülerInnen vorbereitet, bei Filmausschnitten nicht nur passiv zu konsumieren, sondern sich auch aktiv Informationen zu notieren und mitzunehmen?
- Wie viel Zeit steht für die Unterrichtseinheit zur Verfügung?

9.2 Berücksichtigung des gehirn-gerechten Lernens

Ein wichtiges Kriterium für die Auswahl und die Umsetzung der Unterrichtsbeispiele ist die Vereinbarkeit mit dem gehirn-gerechten Lernen. Deshalb werden auch alle Beispiele in der Übersichtstabelle auf ihre ‚Brauchbarkeit' geprüft. Im Hinblick auf den gehirn-gerechten Mittelalterunterricht erscheinen mir fünf Hauptpunkte sinnvoll zu berücksichtigen; ich rufe daher an dieser Stelle noch einmal kurz meine Ausführungen in Kap. 4 in Erinnerung:

Lernen mit beiden Gehirnhälften

Es ist für das Lernen essentiell, beide Gehirn-Hemisphären anzusprechen. Deshalb sollten im Unterricht nicht nur Texte, sondern auch musikalische oder visuelle Elemente vorkommen. Der sinnvolle Einsatz von Musikbeispielen, Filmen oder Rollenspielen, die mehrere Sinne ansprechen, wird dadurch ebenfalls gerechtfertigt.

Vernetztes Lernen

Wenn zu einer Information, die wir wahrnehmen, bereits ein Wissensnetz existiert, vernetzen und integrieren wir diese Information weiter. Daher bietet es sich an, Wissen der SchülerInnen über den *Herrn der Ringe* oder über das (Pseudo-)Mittelalter – und sei es auch ein Mittelalterbild, das hinterfragt werden muss – für das *Nibelungenlied* zu nutzen.

Dem Lernen einen persönlichen und sozialen Sinn geben

Unbestritten ist, dass das unser Gehirn umso besser lernt, je mehr persönlichen Bezug es zu einem Thema herstellen kann. Wenn SchülerInnen erfahren und erleben, dass ein Unterrichtsstoff mit ihnen ganz persönlich in Verbindung steht, ja vielleicht sogar eine essentielle Bedeutung und Relevanz für ihr Leben hat, steigt das Interesse schlagartig. Die Lehrenden stehen deshalb vor der Herausforderung, den jeweiligen Bereich, in diesem Fall Themen aus dem *Nibelungenlied* und dem *Herrn der Ringe*, so zu präsentieren bzw. interpretieren, dass der Großteil der SchülerInnen eine Beziehung zu ihren Lebensbereichen und Interessen erkennen können.

Emotionen beim Lernen beachten

Die Erwartung und Erfahrung, Lernen sei anstrengend und mache keinen Spaß, erstickt jede Begeisterung für ein neues Thema. Das Schaffen einer angenehmen Lernatmosphäre durch abwechslungsreichen und vielfältigen Unterricht wird oft vergessen. Warum nicht einmal ein Thema mit einem spielerischen Ansatz beginnen? Auch die Faszination, die Tolkiens Mittelerde auf viele Jugendliche ausübt, kann genutzt werden. Mittelalterliche Themen und Motive sind nicht trist und weit entfernt – sie begegnen uns selbst in ‚modernen' Werken wie z. B. im *Herrn der Ringe*. Die mittelalterlichen Texte sollten dabei jedoch nicht verdrängt werden.

Vielschichtige Informationsvermittlung und aktive Wissenserarbeitung

Je vielschichtiger Informationen vermittelt werden, desto besser bleiben sie im Langzeitgedächtnis haften. Außerdem betont die Gehirnforschung, dass beim rein passiven ‚Konsumieren' Lernen neurologisch fast unmöglich ist. SchülerInnen sollten sich daher den Lernstoff immer selbst erobern dürfen. Vielschichtige Informationsvermittlung und aktive Wissenserarbeitung bedeutet beispielsweise, mittelhochdeutsche Texte laut vorzulesen, Hörspiele einzusetzen, eine eigene Nachdichtung zu versuchen und Collagen oder fiktive Streitgespräche zu schreiben.

10. Überblickstabelle

Die folgende Überblickstabelle ist in sechs Themenbereiche (*Höfisch-Mittelalterliche Welt, Heldinnen und Helden, Gewalt, Märchenhaftes, Darstellungen des Mittelalters, Fächerübergreifende Projekte*) unterteilt. Alle Themenbereiche gliedern sich wiederum in Unterthemen, zu denen ich einige mir hilfreich erschienene Textbeispiele und Impulsfragen gebe. In aller Kürze liste ich jeweils relevante Aspekte des gehirn-gerechten Lernens auf. Zusätzlich sind auch Stichworte zu didaktischen (Vor-) Überlegungen und Ideen zur Umsetzung notiert. Zu einigen markanten Unterrichtsbeispielen gebe ich hilfreiche Literaturhinweise. Wie in einer Tabelle nicht anders möglich, beschränken sich viele Anregungen auf Schlagwörter. Diese Überblickstabelle will Anstöße für den Unterricht liefern, ein Anspruch auf Vollständigkeit wäre unrealistisch.

Um Platz zu sparen benütze ich folgende Abkürzungen:

NL   Das Nibelungenlied

HdR I   Der Herr der Ringe. Teil I. Die Gefährten

HdR II   Der Herr der Ringe. Teil II. Die Zwei Türme

HdR III   Der Herr der Ringe. Teil III. Die Rückkehr des Königs

HdR ANH Der Herr der Ringe. Anhänge und Register

MA   Das Mittelalter (vgl. dazu ausführliche Literaturangaben im Literaturverzeichnis)

Themen-bereich	Unterthema	Impulsfragen	(Text-)Beispiele	Gehirngerechtes Lernen	Didaktische (Vor-)Überlegungen[1]	Umsetzung
Höfische-mittelalterliche Welt	Höfische Braut-werbung	Was sind die Parallelen und wo sind die Unterschiede in der Brautwerbung Siegfrieds und Aragorns? Kennst du zeitgemäße Brautwerbungen?	Siegfrieds Entschluss zu werben (NL Str. 52) Liebe/Werbung Kriemhilds (NL Str. 293 - 295) Voraussetzungen bei Brünhilds Werbung (Wettkampf) (NL Str. 327) Aragorn sieht erstmals Arwen, ihr Vater gibt jedoch die Bedingung vor, er müsse erst den Krieg gewinnen und König werden (HdR ANH S. 382ff.) Brautwerbung durch Mittler, z. B. Rüdiger von Bechelaren für Etzel (NL 20. Aventiure)	Persönlicher und sozialer Bezug zum Thema; aktive Wissenserarbeitung; Beachtung und Einbeziehung der Emotionen.	Sowohl für Unter- als auch für Oberstufe (AHS + BHS) geeignet; Bereitschaft zur Erprobung von Rollenspielen hilfreich; Bewusstmachung, dass Brautwerbung immer noch in subtiler Form vorkommt.	Nach Behandlung der Textstellen ev. Rollenspiel zur Vertiefung: Brautwerbung nachspielen (Bote, der gesandt wird u. a.); Versuch, auch auf Mittelhochdeutsch zu spielen; eventuell MA-Musik als Untermalung; eine Gruppe könnte Brautwerbung auch pantomimisch darstellen. SchülerInnen überlegen sich, welche Voraussetzungen für ihre Werbung gelten und welche zeitgemäß wäre; Zeitungsannonce oder Botenbrief: ‚Ehefrau/ Ehemann gesucht'.

---

[1] Generell wurde bei der Erstellung der Überblickstabelle darauf geachtet, beide Geschlechter in gleichem Maße in der Themenauswahl und in den didaktischen Überlegungen zu berücksichtigen.

	Unterthema	Impulsfragen	(Text-)Beispiele	Gehirngerechtes Lernen	Didaktische (Vor-)Überlegungen	Umsetzung
Höfische-mittelalterliche Welt	Lieder und Balladen	Welche Funktion erfüllen Lieder und Balladen in beiden Werken? Welche Rolle erfüllen sie heute?	Volker spielt für die Helden auf der Fidel, selbst die Gegner hören zu (NL Str. 1833) [...] *die klare Stimme des Sängers wie Silber und Gold* (HdR III S. 261) Lieder als Träger und Vermittler von Geschichte(n) Mittelerdes (z. B. HdR I S. 230, S. 284, S. 410) Spielleute Wärbel und Swemmel hoch geachtet und wichtig (NL Str. 1374, Str. 1412f.).	Vernetztes Lernen und Beachtung der Emotionen durch Themenwahl; beide Gehirn-Hemisphären werden durch Text-Melodie-Mehrkanaligkeit angesprochen.	Lieder als Aufheiterung, aber auch als Übermittlung von Geschichte(n); Bedeutung der Sänger: geschätzter Beruf? Musik als Kulturträger; Lieder in Fußballstadien oder bei Siegerehrungen. Inwieweit wurden Gedichte, Lieder, Songs bereits behandelt und worauf kann aufgebaut werden? Aufgabe von Liedern ist die Übermittlung von Inhalten, z. B. bei ‚Protestbewegungen'.	Selbst Lieder erfinden, in denen ProtagonistInnen des NLs gepriesen werden; eine mittelhochdeutsche Textstelle des NL in einen modernen Rap-Song umformen. SchülerInnen können aktuelle eigene Musikbeispiele mitbringen, die eine ähnliche Rolle wie im NL oder HdR erfüllen; eventuell fächerübergreifend mit Musik.

	Unterthema	Impulsfragen	(Text-)Beispiele	Gehirngerechtes Lernen	Didaktische (Vor-)Überlegungen	Umsetzung
Höfische-mittelalterliche Welt	**Funktionen von Hallen, Festen und Trink-gelagen**	Welche Funktion erfüllen Trinkgelage im MA? Kennst du ähnliche Anlässe heutzutage?	Feier nach Feldzug gegen die Sachsen (NL Str. 252) Fest mit Flöten und Fidel (HdR III S. 275) Elronds Festmahl (HdR I S. 280f.) Beschreibung von Meduseld, Halle von König Thèoden (HdR II S. 131) große Halle von Minas Tirith (HdR III S. 23)	Feste als wichtiger Teil des Lebens (vgl. von Hentig[2]); Feste trennen Gewöhnliches von Außergewöhnlichem, dienen zur Belohnung und Periodisierung des Lebens; Wichtigkeit von Ritualen und Zeremonien; starker Lebensbezug der SchülerInnen; (positive) Emotionen.	Thematisch auch in BHS gut möglich. Motiv der Halle als Festsaal, in dem Gäste überfallen werden; Festssaalkampf, Trink-Metaphorik[3]; ‚Weinverschütten' und Blutbad; Halle für Empfänge; das Fest (oder das Turnier) mit der Funktion, Gewalt und Aggression durch Ritualisierung und Reglementierung zumindest zeitweise zu beherrschen[4].	*Gruppenarbeit:* Unterschiede und Gemeinsamkeiten zwischen Trinkgelagen im MA und heutigem Oktoberfest oder Fußballmeisterschaftsfeier herausarbeiten (grafisch auf Plakaten, Collagen etc.); eventuell Brauen von antialkoholischem Honig-met.

[2] Hartmut von Hentig: Bildung. Ein Essay. München, Wien: Carl Hanser 1996.

[3] Vertiefende Hintergrundinformationen für Lehrende bietet hier beispielsweise: Schwab, Ute: Weinverschütten und Minnetrinken. Verwendung und Umwandlung metaphorischer Hallenoptik im Nibelungenlied. In: Pöchlarner Heldenliedgespräch. Das Nibelungenlied und der Mittlere Donauraum. Hrsg. von Klaus Zatloukal. Wien: Fassbänder 1992. (= Philologica Germanica. 13) S. 59–101.

[4] Günther Bärnthaler: Homo ferox II. Fest und Turiner in Hartmanns „Erec" und Wittenwilers „Ring". In: Informationen zur Deutschdidaktik. Zeitschrift für den Deutschunterricht in Wissenschaft und Schule 25 (2001), H. 3: Mittelalter, S. 89–104.

	Unterthema	Impulsfragen	(Text-)Beispiele	Gehirngerechtes Lernen	Didaktische (Vor-)Überlegungen	Umsetzung
Höfische-mittelalterliche Welt	Justiz und Gerechtigkeit	Warum wurde Hagen von Tronje nicht verurteilt? Welche Schuld trägt er? Würdet ihr Kriemhild anklagen? Weswegen? Welche Schuld trägt Siegfried?	Hagen begehrt den Hort (NL Str. 774); Mordszene (NL Str. 981 - 982); Hagen zeigt keine Reue (NL Str. 993); Hagen fingiert Krieg, um Siegfrieds Schwachstelle herauszufinden (NL Str. 875); Hagen erschlägt Etzels Sohn Ortlieb (NL Str. 1961).	Aktive Wissenserarbeitung durch Rollenspiel, Hineinversetzen in Figuren, Bezug zum persönlichen Leben.	Frage der Rechtssprechung im MA, v. a. Klärung der Motive und Verbrechen Hagens und Kriemhilds.	In *Gruppenarbeit* Anklage und Verteidigung nach Betrachtung der Textstellen ausarbeiten; dann Rollenspiel (RichterIn, VerteidigerIn, AnklägerIn, ZeugInnen): Anklage Hagens/Kriemhilds; Mordszene als Ausgangspunkt.

Unterthema	Impulsfragen	(Text-)Beispiele	Gehirngerechtes Lernen	Didaktische (Vor-)Überlegungen	Umsetzung
Mittelalter-liches Standes-denken	Weshalb ist Siegfrieds Standeslüge so fatal? Weshalb ist Rüdiger verpflichtet für Kriemhild zu kämpfen? Wieso wird der Unterschied zwischen dem Truchsess und dem König Gondors so betont?	Gunther als Siegfrieds Herr (NL Str. 432); Siegfried als (scheinbarer) Vasall (NL Str. 724) Gebundensein an Eide, Treue: Rüdiger v. B. und Kriemhild (NL Str. 2151); Truchsesse von Gondor nicht Herrscher, sondern nur Verwalter; keine königliche Blutlinie (HdR II S. 319).	Vernetztes Lernen, selbstständiges Erarbeiten des Stoffes; Auseinandersetzung mit Themen wie Rang, ,Gesellschaftsordnung' oder Eiden.	Standesdenken heute? Gibt es noch einen Adel (vgl. ,Geldadel') oder Denken in gesellschaftlichen Kategorien wie ,oben' und ,unten'?	Nach eingehender Textbehandlung folgende Aufgabenstellung: Schreiben eines *Inneren Monologs*: Rüdiger v. B. muss wegen seines Eides in den *Kampf* ziehen – inneren Konflikt herausarbeiten.

	Unterthema	Impulsfragen	(Text-)Beispiele	Gehirngerechtes Lernen	Didaktische (Vor-)Überlegungen	Umsetzung
Heldinnen und Helden		Wie beschreibt der NL-Dichter die Liebesbeziehung zwischen Siegfried und Kriemhild?	Beschreibung Kriemhilds (NL Str. 281 - 283); Kriemhild trägt Siegfried im Herzen (NL Str. 33-134) Beschreibung Arwens als wunderschöner Abendstern (HdR I S. 277)	Mehrkanaliges Lernen (Musik, Film); Bezug auf essenziellen Lebensbereich für SchülerInnen; Vergleiche, Analogien; dadurch vernetztes Lernen (Ähnlichkeit in der Darstellung von Kriemhild u. Arwen).	Idealisierung der Liebespaare, Überhöhung der Frau (Schönheit, Vergleich mit Natur);	LIED über Arwen den Morgenstern anhören (Soundtrack *Die Gefährten*, *Aniron*) und mit Textstelle vergleichen, ev. übersetzen; Umsetzung z. B. über Erstellung der Charts der berühmtesten Liebesbeziehungen aus verschiedenen Epochen. Vgl.: Welche Liebesbeziehungen erregen heute Aufsehen?
	Liebes- und Dreiecksbeziehungen	Woher kannte Siegfried Brünhild und den genauen Weg nach Island? Weiß Siegfried als ‚Märchenheld' einfach, *wie ez um Prünhilde stât* [Str. 331,4] oder kennt er Brünhild tatsächlich von früher? Wie sieht die Beziehung Siegfrieds zu Brünhild im NL und in den Verfilmungen aus?	Sage, wie Siegfried Brünhild befreite: *Wie Brünhild erlöst wurde* (In: F. Fühmann: Das NL neu erzählt, S. 159–161.)		Thematisierung der verschiedenen Varianten d. Nibelungenstoffs.	Erwähnung der div. Sagenkreise des Nibelungenstoffs und der unterschiedlichen Personenbeziehungen; Vergleich z. B. mit *Völsunga saga* oder der *Lieder-Edda*; FILM *Siegfried von Xanten* (Siegfried rettet Brünhild) oder *Die Nibelungen – der Fluch des Drachen* (Brünhild und Siegfried verbringen eine Liebesnacht).

	Unterthema	Impulsfragen	(Text-)Beispiele	Gehirngerechtes Lernen	Didaktische (Vor-)Überlegungen	Umsetzung
Heldinnen und Helden	**Liebes- und Dreiecksbeziehungen**	Dreiecksbeziehungen Aragorn-Èowyn-Arwen[5] / Siegfried-Kriemhild-Brünhild Liebe ohne Standesdenken: eine revolutionäre Forderung im Mittelalter?	Èowyn verliebt sich in Aragorn (HdR III S. 58); Aragorns und Arwens Hochzeit (HdR III S. 283) Thematisierung von Standesunterschieden; angeblicher Vasall nicht für Kriemhild geeignet – Streit der Königinnen (NL Str. 822); Èowyn liebt Aragorn nur *als einen Schatten und einen Gedanken* (HdR III S. 159); *Sie* [Arwen] *soll nicht Braut eines geringeren Menschen sein als des Königs von Gondor und Arnor.* (HdR ANH S. 386)	Aufzeigen, dass sich Hindernisse für Liebesbeziehungen vom MA bis heute erstrecken (Kontinuität); vernetztes Lernen, Bezug zur eigenen Lebenswelt. Aufzeigen, dass diese Frage immer noch aktuell in unserer Zeit ist; Thema ‚Liebe ohne Schranken' essenziell für Jugendliche.	Beleuchten, warum Beziehungsverhältnisse nicht immer unkompliziert und ‚einfach' ablaufen; Bewusstmachung, wo heute noch Konflikte drohen und entschärft werden sollten. ‚Standesdenken' vs. ‚Liebesbeziehung'? Thema in Ober- und Unterstufe geeignet; Vergleich mit Minnelyrik Walthers von der Vogelweide möglich.	Andere berühmte Dreiecksbeziehungen (z. B. Gottfrieds von Strassburg *Tristan und Isolde*); in der Oberstufe können die Filme *Die Träumer* oder *Die fetten Jahre sind vorbei* (Thema Dreiecksbeziehungen) eingebaut werden.

---

[5] „In *The Lord of the Rings* the basic central plot of the Nibelungenlied can be found in an understated sub-plot involving the four-way romance of Aragorn-Arwen-Éowyn-Faramir." In: Day: Tolkien's Ring, S. 97.

	Unterthema	Impulsfragen	(Text-)Beispiele	Gehirngerechtes Lernen	Didaktische (Vor-)Überlegungen	Umsetzung
Heldinnen und Helden	‚Alte' und ‚neue' HeldInnen	Durch welche Fähigkeiten unterscheiden sich HeldInnen von ihren Mitmenschen? Nenne zehn wichtige Unterscheidungsmerkmale. Wodurch identifiziere ich mich mit HeldInnen? Sind die Hobbits Frodo und Samweis Helden? Kennst du ‚stille HeldInnen' oder auch ‚HeldInnen des Alltags'?	Im NL 1. Strophe: *Uns ist in alten mæren wunders vil geseit von* **helden** *lobebæren, von grôzer arebeit, von fröuden, hôchgezîten, von weinen und von klagen, von küener recken strîten muget ir nu wunder hoeren sagen.* Sams ‚Versuchung': *Wilde Hirngespinste tauchten in seinen Gedanken auf; und er sah Samweis den Großen, den Helden des Zeitalters, der mit flammenden Schwert durch die verfinsterten Lande zog.* (HdR II S. 198)	Bezug zur persönlichen Welt; Emotionen beachten →aktuelle HeldInnen; an Wissen der SchülerInnen über HeldInnen anknüpfen; Parallelen und Unterschiede zwischen den ‚alten' und den ‚modernen' HeldInnen → vernetztes Lernen.	Besonders geeignet für Unterstufe. Vergleich mit Harry Potter oder Neo (*Matrix*), SportheldInnen; Prinzessin Diana (u. a.) als Heldin? Thematisierung von Sehnsucht nach Heldentum, Darstellung moderner HeldInnen.	Unterstufe: wichtigste ProtagonistInnen mit grafischer Kennzeichnung der Beziehungsverhältnisse darstellen; Stammbaum der HeldInnen zeichnen; grafische Darstellung von zehn Merkmalen der Heldinnen. *Arbeitauftrag:* „Erfinde selbst einen mittelalterlichen und/oder modernen Helden." Analyse der Darstellungen von Heldinnen wie Electra, Xenia, Catwoman, Ellen Ripley (*Alien*), Lara Croft etc.

Unterthema	Impulsfragen	(Text-)Beispiele	Gehirngerechtes Lernen	Didaktische (Vor-)Überlegungen	Umsetzung
	Welche Rolle(n) wurden Frauen im Mittelalter zugestanden? Gibt es so etwas wie 'die Macht des weiblichen Zaubers' im NL?	Kriemhild als Untergebene ihres Bruders (NL Str. 356); Mann-Frau-Verhältnis im NL (NL Str. 673); Hagen bezeichnet Brünhild als *des tiuveles wîp*, da sie den Männern ebenbürtig oder sogar überlegen und deshalb mysteriös ist und bezwungen werden muss;	Auseinandersetzung mit Rollenbildern und Identifikationsfiguren im eigenen Leben (vgl. Lernen persönlichen Sinn geben).	Was beunruhigt Hagen, als er Brünhild in Island als Herrscherin erlebt? Frage erörtern, ob 'starke' Frauen für Männer eine Bedrohung sind?! Für Oberstufe: Thematisierung von 'weiblichem Zauber' mithilfe des Textbeispiels *Die Macht des weiblichen Zaubers*[6].	QUIZ zur Festigung des Gelernten: *(Mächtige) Frauen in der Geschichte und Literatur*. Eventuell Fragen vorher selbst ausarbeiten und Quiz 'basteln'. Basisinfos werden zum Großteil von den Lehrenden zur Verfügung gestellt.
Weibliche Identifikationsfiguren	Welche Unterschiede erkennst du zwischen der Figur von Arwen im HdR und in der Verfilmung von Peter Jackson? Müssen Heldinnen heute kämpferischer sein, um als Identifikationsfigur zu dienen?	Arwen im Buch als vollendete Lieblichkeit – und nicht als Kämpferin (HdR I S. 277); Vergleich mit der Darstellung im Film; eventuell Textstellen aus Ulrichs von Liechtenstein *Frauendienst* als Ergänzung.		Vergleich mit historischen Heldinnen (z. B. die Jungfrau von Orleans); Sensibilisierung für patriarchale Geschichts- und Literaturschreibung.	Vergleich Arwens in Buch und FILM (*Die Gefährten*, 21. Szene: *Die Flucht zur Furt*).

Zeilenbeschriftung (Querachse): **Heldinnen und Helden**

[6] Carl-Heinz Mallet: Die Macht des weiblichen Zaubers. In: Arnsbeck, Das Nibelungenlied, S.21.

	Unterthema	Impulsfragen	(Text-)Beispiele	Gehirngerechtes Lernen	Didaktische (Vor-)Überlegungen	Umsetzung
Heldinnen und Helden	**Die Kriegerinnen Brünhild und Èowyn**	Wie wird Brünhild als Herrscherin beschrieben, wie entwickelt sie sich nach ihrer Abreise von Island? Warum wird Brünhild letztlich eine domestizierte Heldin?	Brünhild als Kriegerin (NL 6. und 7. Aventiure, speziell Str. 325–328)	Essentielle Themen *Mann – Frau* und *Emanzipation*;	Reflexion der sozialen Stellung u. des Machtverhältnisses von Mann–Frau /Held–Heldin im Mittelalter[7]; Genderdiskurs in Bezug auf die beiden Heldinnen behandeln.	
		Wodurch wird Èowyn den männlichen Helden in der Schlacht ebenbürtig?	Kampf mit dem Anführer der Nazgûl (HdR III S. 127ff.);	Sensibilisierung in Bezug auf Machtverhältnisse; Lebensbezug herstellen und hinterfragen.		‚TV-News' oder ‚Society-Report': kurzes, prägnantes Portrait von Brünhild oder Èowyn erstellen und präsentieren, z. B. mit Filmausschnitt für Charakterisierung (vorher mit Hilfe von Text und Hintergrundinfos selbstständig erarbeiten) → Textstellen vorgeben (Zeitfaktor!).
		Wo gibt es Parallelen und Unterschiede von Brünhild und Èowyn?	Èowyn als Schönheit (HdR III S. 73) und Èowyn als Kriegerin (HdR III S. 82); letztlich Verheiratung von Èowyn mit Faramir (HdR III S. 274).	Vergleich Brünhild und Èowyn → vernetztes Lernen.		

---

[7] Vgl. hierzu: Katharina Freche: Von zweier vrouwen bâgen wart vil manic helt verlorn: Untersuchungen zur Geschlechterkonstruktion in der mittelalterlichen Nibelungendichtung. Trier: Wissenschaftlicher Verlag Trier 1999. (= Literatur, Imagination, Realität. Bd. 21.)

Unterthema	Impulsfragen	(Text-)Beispiele	Gehirngerechtes Lernen	Didaktische (Vor-)Überlegungen	Umsetzung
	Erkennst du Ähnlichkeiten und Unterschiede zwischen den beiden Helden?	Siegfried als Ratgeber Gunthers (NL Str. 313), als mutiger Ritter (NL Str. 230) und als Schönling (NL Str. 286); Siegfrieds Krönung (NL Str. 714 - 716) Aragorn als umsichtiger Heerführer (HdR II S. 163) und als König (HdR III S. 261)	Vernetztes Lernen durch Vergleich der beiden Helden; aktive Wissenserarbeitung und mehrkanaliges Lernen durch Identifikation mit Helden und den Einsatz visueller Medien.	Basiswissen über beide Helden nötig; durch die Kontrastierung der beiden Helden wird beispielsweise Siegfrieds Darstellung als naiver ‚Märchenprinz' – im Gegensatz zum nachdenklichen, zögernden Waldläufer Aragorn – deutlich. Durch das Schreiben von Briefen an literarische Figuren entsteht eine Verbindung von persönlicher Weltsicht und Wahrnehmung der im Text gestalteten Figur.	*Gruppenarbeit*: „Arbeitet in der Gruppe (3-6 Personen) die Parallelen und Unterschiede zwischen den beiden Helden Siegfried und Aragorn heraus. Präsentiert anschließend die Ergebnisse der Arbeitsgruppe vor der Klasse (ca. 10 Minuten)." *Briefe schreiben* (vgl. Detailausarbeitung) FILM-Szenen aus HdR analysieren: Aragorn als Beschützer, als Heerführer (Rede vor Schlacht am Schwarzen Tor in *Die Rückkehr des Königs*) etc.

(Spanning row label across the table: **Heldinnen und Helden**; Unterthema cell: **Strahlende Helden: Siegfried und Aragorn**)

Unterthema	Impulsfragen	(Text-)Beispiele	Gehirngerechtes Lernen	Didaktische (Vor-)Überlegungen	Umsetzung
Gewalt ,Vor-belastete' HeldInnen	HeldInnen-verehrung damals und heute? HeldInnen oder Kriegsverbrecher?	Nibelungenrede von Hermann Göring[8]; Hindenburgs Rede zur Kapitulation Deutschlands: *Wie Siegfried unter dem hinterlistigen Speerwurf des grimmigen Hagen, so stürzte unsere ermattete Front; vergebens hatte sie versucht, aus dem versiegenden Quell der heimatlichen Kraft zu trinken.*[9] Aktuelle Zeitungsartikel, z. B. SoldatInnen im Irak.	Thematisierung des Missbrauchs literarischer und mythologischer Stoffe, Symbole und Begriffe im Imperialismus und Faschismus als ein wichtiger Beitrag zur politischen Bildung im Deutschunterricht; vernetztes Lernen: Vergleiche z.B. mit den amerik. ,Freedom-Fighters' oder den (,altösterreichischen') Helden Prinz Eugen oder Graf Radetzky.	Ausschließlich für Oberstufe geeignet, da Vorwissen über 19. und 20. Jahrhundert Bedingung; empfehlenswert als Unterrichtseinheit, wenn Nationalsozialismus bereits in Geschichte behandelt wurde oder gerade behandelt wird; Zweigesichtigkeit des Heldentums: problematische NL-HeldInnenverehrung im 19. und 20. Jahrhundert, speziell in Nazideutschland; lange Rezeptions- und Interpretationsgeschichte berücksichtigen; fachübergreifend mit Geschichte möglich.	Lesen und Analyse der Reden Görings und Hindenburgs; aktuelle, tagespolitische Bezüge (z.B. Analyse von Nachrichten über Irakfeldzug).

[8] Amsbeck, Das Nibelungenlied, S. 23.

[9] Schulz, Ursula: Das Nibelungenlied. Stuttgart: Reclam 1997, S. 292.

	Unterthema	Impulsfragen	(Text-)Beispiele	Gehirngerechtes Lernen	Didaktische (Vor-)Überlegungen	Umsetzung
Gewalt	**Krieg und Verwüstung**	Welche Auswirkungen haben Kriege für die Bevölkerung? Kennst du aus den Medien aktuelle Vergleichsbeispiele?	*Mit roube und ouch mit brande wuosten si daz lant* (Sachsenkrieg, NL Str. 176, 3); *Helms Klamm* (HdR II S. 147–166) und *Die Schlacht auf den Pelennor-Feldern* (HdR III S. 125–S. 138).	SchülerInnen sollen Gewalt als Teil ihrer eigenen Identität erkennen → Bezug zum persönlichen und sozialen Leben; Konfrontation mit fremden Einstellungen zu Gewalt→vernetztes L.	Sowohl in AHS als auch BHS sinnvoll; Auswirkungen auf die Bevölkerung thematisieren; fächerübergreifend mit Geschichte, Religion oder Psychologie behandeln.	Vergleich mit Napoleonischem Feldzug, mit 2. Weltkrieg oder mit aktuellem Kriegsgeschehen möglich; aktuelle Berichte über Verwüstung aus Tagesmedien mit Textstellen im NL vergleichen.
	Gefolgschaft und Treue	Warum folgen die NL-Helden ihrem König bis in den Tod? Warum ziehen die Krieger König Thèodens mit ihm in eine aussichtslose Schlacht? Gäbe es Alternativen zu diesem ‚Heldentod'?	Hagen hält bis zum Ende die Treue (NL 39. Aventiure) Die Rohirrim folgen ihrem König in die Schlacht: *Speer wird zerschellen, Schild zersplittern, Schwert-Tag, Blut-Tag, ehe die Sonne steigt!* (HdR III S. 124.)	Auseinandersetzung mit mittelalterlichen Wertvorstellungen; kreative, aktive Beschäftigung mit dem Text.	Thematisierung von mittelalterlichem Ehrenkodex; vor dem Schreiben eines alternativen Endes: Aufmerksammachen auf mittelalterliches Gefolgschaftsdenken, Erklärung des Treuebegriffs.	Alternatives Ende des NL schreiben.

	Unterthema	Impulsfragen	(Text-)Beispiele	Gehirngerechtes Lernen	Didaktische (Vor-)Überlegungen	Umsetzung
Gewalt	Gewalt gegen Frauen	Wie rechtfertigen die NL-Helden bzw. der NL-Autor die Gewalt gegen Frauen? Gibt es Parallelen zu unserer Zeit?	Siegfried verprügelt Kriemhild (NL Str. 894) um seine seine Frau zu ‚erziehen' (NL Str. 862); Züchtigung Brünhilds durch Siegfried u. Gunther (NL Str. 669 - 682).	Ursachen u. Aus-wirkungen von Rollenbildern, die den Geschlechtern zugeordnet werden, erkennen u. kritisch prüfen (Lernen erhält persönlichen Sinn).	Eher für die Oberstufe geeignet. Gibt es Fälle von Gewalt gegen Frauen in der Schule oder im privaten Umfeld? Passend auch im Zsgh. mit einem Gewaltpräventionsprojekt.	Diskussionsrunde zum Thema ‚Gewalt gegen Frauen'; ev. mit (externen) MediatorInnen.
	Schlachten	Gab es damals bzw. heute Alternativen zu diesem Heldensterben? Wie könnte man auf andere Arten, HeldIn werden'?	Schlacht gegen Sachsen (NL Str. 233, 239), Vernichtung der Burgunden; Schlacht vor dem Schwarzen Tor (HdR III S. 254–265).	vielschichtige Informationsvermittlung (Film); Lernen mit beiden Gehirnhälften durch Emotionen.	Thematisierung von ‚Held oder Heldin werden' in der Schlacht; warum ziehen uns epische Schlachten in den Bann? → Suggestion, Bildsprache	NL-Film oder HdR Szenen, Vergleich mit Schlachtszenen aus Filmen wie *Troja, Alexander* oder *Königreich der Himmel*.

Unterthema	Impulsfragen	(Text-)Beispiele	Gehirngerechtes Lernen	Didaktische (Vor-)Überlegungen	Umsetzung
Zweikämpfe	Was bedeutet es, im Zweikampf zu bestehen oder sogar zu sterben? Wieso ist der Zweikampf so stark in der mittelalterlichen Welt verankert?	Siegfried besiegt Liudeger (NL Str. 207f.); finale Zweikämpfe im NL (39. Aventiure) Zweikampf von König Théoden und dem Hauptmann der Nordmannen (HdR III S. 126); Anführer der Nazgûl kämpft mit Èowyn (HdR III S. 127ff.).	Anknüpfen an Bekanntes, an Vorwissen, Emotionen; Vergleiche mit Zweikampf im Sport → Turniere.	Frage nach Funktion des Sports in mittelalterlicher und heutiger Gesellschaft.	Berühmte Zweikämpfe der Literatur- und der Sportgeschichte; Zeitbezug zu Weltmeisterschaften oder Olympischen Spielen.

	Unterthema	Impulsfragen	(Text-)Beispiele	Gehirngerechtes Lernen	Didaktische (Vor-)Überlegungen	Umsetzung
Gewalt	**Gewalt, Tragik und Galgen-humor**	Warum werden Galgenhumor und Situationskomik in tragischen Momenten eingesetzt?	Situationskomik bei der Züchtigung Gunthers durch Brünhild (NL Str. 673); Volker tötet ‚aufgeblasenen Weiberhelden' (NL Str. 1886, 1889); Nibelungen trinken Blut, da es kein Wasser gibt [Bemerkung, dass es besser als Wein schmecke] (NL Str. 2114 - 2117); Aufeinandertreffen Rüdigers v. B. und Giselher mit Galgenhumor (NL Str. 2188); Gimli und Legolas zählen im aussichtslosen Kampf die von ihnen erschlagenen Orks (HdR S. 157, S. 158, S. 167).	Humor bzw. Galgenhumor als Auflockerung (Emotion), ohne tragische Situation auszublenden.	Sarkasmus als Stilmittel in besonders tragischen Momenten. Situation scheint so tragisch, dass nur mehr Galgenhumor die Situation für die Lesenden erträglich macht.	FILM *HdR - die Zwei Türme* (Helms Klamm) Vergleich mit Monty Python: *Monty Python and the Holy Grail (Die Ritter der Kokosnuss)* und *Life of Brian (Das Leben des Brian)*.

	Unterthema	Impulsfragen	(Text-)Beispiele	Gehirngerechtes Lernen	Didaktische (Vor-)Überlegungen	Umsetzung
Märchenhaftes	**Magische Gegenstände**	Welche Bedeutung haben Ringe bis heute? Was ist das Verhängnisvolle an den Ringen im HdR und im NL? Was sind die wichtigsten magischen Gegenstände der HeldInnen? Welchen Zweck erfüllen magische Gegenstände?	Der verhängnisvolle *Eine Ring* (HdR I S. 307ff.), im NL: der Ring (NL Str. 679); Ring als Unheilsbringer weil ‚Beweisstück‘ (NL Str. 847f.) Tarnkappe (NL Str. 336–338), Hort mit goldener Wünschelrute (NL Str. 1124), besondere Köcher u. Pfeile (NL Str. 956); Schwert Balmung (NL Str. 955, 1783); Motiv des zerbrochenen Schwertes (HdR I S. 296, S. 300f., S. 336f.); das neu geschmiedete Schwert Aragorns *Elendil Flamme des Westens* (HdR I S. 336f.); Horn von Guthlàf (HdR III S. 124); Ausrüstung der neun Gefährten mit magischen Waffen (HdR I S. 340).	Faszination des ‚Übernatürlichen‘ →Emotionen; Lernen mit beiden Gehirnhälften, vernetztes Lernen, da Einbeziehen von Bekanntem aus dem Umfeld (z. B. moderne ‚urbane‘ Mythen oder magische Erfahrungen).	Ringe als Schmuckstück und Zeichen der Macht in fast allen Kulturen. Ring als Symbol bis heute z. B. bei Eheringen oder beim Fischerring des Papstes; Symbol des Eherings für Ewigkeit und Verbundenheit.	‚Magische‘ Nibelungen-HeldInnen: „Stell dir vor, du wärst eine zusätzliche (märchenhafte) Figur im Nibelungenlied: →Woher kommst du? →Wie siehst du aus? →Welche magischen Gegenstände bzw. Waffen besitzt du? →Welche zusätzlichen magischen Hilfsmittel stehen dir zur Verfügung (GefährtInnen, besondere Pferde, Fabelwesen etc.) Beschreibe dich mit mind. 200 Wörtern. Falls du noch Zeit hast, versuche auch noch eine zeichnerische Umsetzung deiner Figur.“ FILMSZENE aus HdR: Schmieden des Schwertes.

	Unterthema	Impulsfragen	(Text-)Beispiele	Gehirngerechtes Lernen	Didaktische (Vor-)Überlegungen	Umsetzung
Märchenhaftes	Märchenhafte Elemente und Fabelwesen	Welche Fabelwesen kennst du? Müssen HeldInnen Drachen töten um heroisch zu sein? Welche Funktion hat der Drachenkampf im NL? Gibt es Zwerge wirklich? Wo können sie leben?	NL: Zwerg Alberich (NL Str. 493), weissagende Meerfrauen (NL Str. 1533–1535), Drache; Hagen als Erzähler der Drachengeschichte (3. Aventiure) HdR: Zwerge, Trolle, Riesen, Drachen, Wölfe, Riesenadler, Riesenspinnen (z. B. Kankra); Schattenfell, das überirdische Pferd Gandalfs (HdR II S. 231); Nymphe Goldbeere, die Frau von Tom Bombadil (HdR I 7. Kapitel) Motiv des Fluchs (Hort im NL, Armee der Toten im HdR)	Märchenhaftes, Ungewöhnliches → Emotionen; Anknüpfen an und Präzisieren von Vorwissen.	Sehr gut geeignet für die Unterstufe. Drachenepisode charakterisiert Siegfried als märchenhaften, unheimlichen, vielleicht sogar für die höfische Welt bedrohlichen Recken.[10] Nur geeignet für die Unterstufe: Zwerge im HdR: sehr deutlich von der altnordischen Mythologie inspiriert, sind ein wesentlicher Bestandteil des alten Volksglaubens und Protagonisten in mehreren Märchen (vgl. Schneewittchen u. die 7 Zwerge).[11]	Vergleich mit Fabelwesen aus *Harry Potter*. Zeichnen eines Comicstrips oder Cartoons, z. B. vom Drachenkampf Siegfrieds. *Arbeitsauftrag* Erlebnisbericht: „Stell dir vor, du hättest gestern Abend in der Dämmerung einen Zwerg gesehen. Wie hat er ausgesehen? Beschreibe ihn!"

[10] Wertvolle Einblicke in dieses Thema bieten beispielsweise Helmut Brall: Drache, Held und Vorwelt. Sagengeschehen und höfische Ordnung im ‚Nibelungenlied'. In: Pöchlarner Heldenliedgespräch. Heldendichtung in Österreich – Österreich in der Heldendichtung. Hrsg. von Klaus Zatloukal. Wien: Fassbänder 1997. (= Philologica Germanica. 20.) S. 41– 62.

[11] Näheres unter: Simek, Mittelerde, S. 103–109.

	Unterthema	Impulsfragen	(Text-)Beispiele	Gehirngerechtes Lernen	Didaktische (Vor-)Überlegungen	Umsetzung
Märchenhaftes	Zauberhaftes	Welche Funktion haben Träume im NL und HdR? Wodurch sind Brünhild und Siegfried so mächtig?	Kriemhilds Traum vor Siegfrieds Ermordung (NL Str. 951), Königin Utes Traum vor der Abreise der Burgunden zu Etzel (NL Str. 1509); Traum König Théodens (HdR II S. 135f.) Siegfrieds Unverwundbarkeit (NL Str. 902); Brünhild verliert ihre magische Kraft nach Beischlaf (NL Str. 681 - 682); Mordwunde blutet bei Anwesenheit des Mörders (NL Str. 1044); Weissagung für Aragorn (HdR III 56); das von Aragorn beschworene Schattenheer (HdR III S. 169f.).	Mehrkanaliges, selbstständiges Lernen; aktive Beschäftigung mit Text(stellen).	Funktion von Träumen, Zukünftiges vorherzusagen bzw. anzudeuten.	Kriemhilds Traum auf CD (*Die Nibelungen neu erzählt* von M. Köhlmeier, Kapitel *Kriemhilds Gelübde*). TV-TALK-SHOW: Reporter mit Gästen, Publikum; AugenzeugInnen berichten, wie die Mordwunde geblutet hat und wie sich die Anwesenden verhalten haben.

	Unterthema	Impulsfragen	(Text-)Beispiele	Gehirngerechtes Lernen	Didaktische (Vor-)Überlegungen	Umsetzung
Darstellungen des Mittelalters	**Reflexion des ‚Mittelalterbooms' anhand medialer Darstellungen**	Welche Darstellungen bzw. Darstellungsformen des Mittelalters kennst du? Welche Unterschiede gibt es zwischen den Nibelungen-Verfilmungen? Welches Mittelalterbild präsentieren die ausgewählten Zeitschriften?	Nibelungen-Verfilmungen: *Fritz Lang: *Die Nibelungen*, Teil 1 und 2 [Produktion 1924, VHS 2004] *Paul Richter: *Die Nibelungen*, Teil 1 und 2 [Produktion 1966, VHS 1990] *Ulrich Edel: *Die Nibelungen – der Fluch des Drachen* [DVD 2004] P.M., P.M. HISTORY, P.M. Perspektive; Karfunkel; Geschichte; Damals. Das Magazin für Geschichte und Kultur; Spiegel Nr.44/2005 *Die Welt des Mittelalters* (S. 168–182).	Selbstständiges Erarbeiten und anschließendes Präsentieren (Präsentationstechniken!); vielschichtige und aktive Wissenserarbeitung.	Mittelalterliche und pseudomittelalterliche Welten analysieren. Zeitlich wahrscheinlich nur im Rahmen des vertiefenden Deutschunterrichts (‚Wahlpflichtfach') oder im Rahmen eines Projekts möglich. Anhand der Nibelungenverfilmungen inhaltliche und darstellerische Schwerpunktsetzung; kritische Auseinandersetzung mit Veränderung der Nibelungendichtung.	Projektergebnisse der schulischen oder auch außerschulischen Öffentlichkeit präsentieren. *Gruppenarbeit*: Filmanalyse bzw. Analyse der Magazine. Vgl. Detailausarbeitung. Einen MA-Abend vorbereiten, z. B. mit Lesungen von Original- und Paralleltexten, Musik- und Filmbeispielen.

	Unterthema	Impulsfragen	(Text-)Beispiele	Gehirngerechtes Lernen	Didaktische (Vor-)Überlegungen	Umsetzung
Darstellungen des Mittelalters	**Das virtuelle Mittelalter: Mittelalterwelten im Cyberspace**	Welche Sicht auf das Mittelalter wird im Internet präsentiert? Welche Inhalte und (Wert-)Vorstellungen über das MA werden in Computerspielen transportiert?	Webadressen z. B. www.burgen.de, www.rittertum.de, www.mediaevum.de Mögliche PC-Spiele: *Age of Empires, Stronghold, Crusader Kings, Heroes of Might an Magic, Knights and Merchants, Medieval: Total War.*	SchülerInnen können ihre persönlichen MA-Spiele als Beispiele einbringen→Anknüpfen an Lebenswelt der SchülerInnen, Emotionen→PC, Internet als ‚Spaßfaktor'.	Geeignet für die Oberstufe; aufzeigen, dass viele Vorstellungen über das MA den Vorstellungen der Romantik od. sogar des 21. Jahrhunderts entsprechen, aber nicht dem historischen MA; Problematik der fast ausschließlich ‚abendländischen' Perspektive; verdeutlichen (virtuelle Mittelalterbilder oft nur Chiffre für beliebige Zeit). Scheinbare Spannung zwischen ‚pädagogisch wertvollen', aber langweiligen Lernspielen und historisch verfehlten PC-Bestsellern.[12] Voraussetzung: PCs mit Internetzugang!	Z. B. Projekt *Verzerrtes Mittelalter.* Reflexion der Darstellung, selbstständiges Recherchieren im Internet, Rollenspiele begutachten. Suchhilfe: vorgegebenes Übungsblatt (verhindert wahlloses Herumsurfen').

[12] Hilfreich dazu ist folgender Artikel: Wolf, Peter: Historismus auf dem Bildschirm? Überlegungen zu Computerspielen mit historischer Thematik. Online im Internet: URL: www.bayern.de/HDBG/wolf.pdf [Stand 2005-03-01].

	Unterthema	Impulsfragen	(Text-)Beispiele	Gehirngerechtes Lernen	Didaktische (Vor-)Überlegungen	Umsetzung
Darstellungen des Mittelalters	**Das (Pseudo-) Mittelalter als Sekundärwelt**	Würdest du gerne in Mittelerde leben? Wie wär's mit einer Zeitreise ins Mittelalter?	Tolkien zu Phantasie und Sekundärwelten: *Daß es Vorstellungen von Dingen außerhalb unserer Primärwelt sind (sofern das überhaupt möglich ist), ist ein Vorzug und kein Gebrechen.* (Tolkien: Gute Drachen sind rar, S. 102.)	Vernetztes Lernen, Emotionen beachten, (rollen-)spielerischer Umgang mit dem Thema.	Tolkiens (Sekundär-) Welt Mittelerde als Beispiel für Sekundärwelten; für die Unterstufe: →Fantasy-Literatur und Jugendbücher; →dazu empfiehlt sich der Artikel von Krege im *Leseheft Der Herr der Ringe* zu Fantasy-Literatur: *Fantasy – Was ist das eigentlich?*[13] Literarische Quellen Tolkiens: Welche Auswirkungen hatten Tolkiens Werke auf nachfolgende ,phantastische' Literatur?	SchülerInnen können von ihren favorisierten Sekundärwelten berichten und Bücher/Klassenlektüre vorschlagen (z. B. Werke von Wolfgang Hohlbein). ZEITREISE INS MITTELALTER: Zeit-TouristInnen berichten aus der Vergangenheit: Briefe, journalistische Beiträge schreiben, wie es ,wirklich' ausgesehen hat; Unterschiede zum Film; Fantasy-Welten und historisches MA. Film: *Timeline (USA 2003)* als Beispiel für Zeitreise ins MA.

---

[13] Hans-Gerd Claßen: Der Herr der Ringe (Auswahl) mit Materialien. Stuttgart: Klett-Cotta 2002.

	Unterthema	Impulsfragen	(Text-)Beispiele	Gehirngerechtes Lernen	Didaktische (Vor-)Überlegungen	Umsetzung
Fächerübergreifende Projekte	Musik	Was sind die stärksten Unterschiede zwischen dem NL und Wagners Interpretation des Nibelungenstoffs?	Ausschnitte aus Richard Wagners Opernzyklus *Ring des Nibelungen*.	Vernetztes Lernen, Lernen mit beiden Gehirnhälften, Emotionen durch musikalische Eindrücke.	Eher für Oberstufe (musikalisch anspruchsvoll) geeignet; Missbrauch des musikalischen Werks Wagners im Nationalsozialismus.	Teile der Oper anschauen, Unterschiede herausarbeiten. Textstellen analysieren, vergleichen.
	Religion	Welche Rolle spielten Kirche, Glaube oder religiöse Vorstellungen im NL? Wo vermischen sich christl. u. heidnische Elemente? Welche religiöse Elemente erkennst du im Werk des ‚gläubigen Katholiken‘ Tolkien? Kennst du Drachentöter im Christentum? (Hl. Georg, Erzengel Michael)	Thematisierung, dass (u.a.) Etzel kein Christ ist (NL Str. 1145); oftmalige Erwähnung von Bischof Pilgrim (z. B. NL Str. 1628f.); Vergleich mit Tolkiens Schöpfungsmythos, dem ‚Gefallenen‘ Morgoth, der in viele Aspekten Luzifer ähnelt (*Das Silmarillon*, Ainulindale, S. 13–22).	Anknüpfen an Vorwissen, religiöse und mythologische Wissensnetze erweitern.	Perspektive, dass heidnischer Stoff von christlich geprägtem Dichter neu interpretiert wurde. Tolkiens Konflikt zwischen Christentum und heidnischen Elementen	Eventuell Exkursion nach Worms (Museum); Historisches und Literarisches miteinander vergleichen. Biografie Tolkiens als Ansatzpunkt.

	Unterthema	Impulsfragen	(Text-)Beispiele	Gehirngerechtes Lernen	Didaktische (Vor-)Überlegungen	Umsetzung
Fächerübergreifende Projekte	Geschichte	Geschichte u. Sage: Wer waren die Burgunden wirklich? Sind sie tatsächlich untergegangen?	*Ze Wormez bî dem Rîne si wonten mit ir kraft.* (NL Str. 6,1)	Vernetztes Lernen.	Historische Vorbilder/ Herkunft der NL-HeldInnen; Wo lag das burgundische Königreich? histor. Hintergründe über das Volk der Burgunden;[14] Siegfried und die Arminius-These (Arminius als historisches Vorbild für Siegfried)	z.B. Exkursion zum Nibelungenmuseum in Worms; literarische Texte mit historischen Überlieferungen vergleichen.

[14] Näheres hierzu: Mathilde Grünewald: Burgunden: Ein unsichtbares Volk? In: Nibelungen Schnipsel. Neues vom alten Epos zwischen Mainz und Worms. Hrsg. von Helmut Hinkel. Mainz: Philipp von Zaber 2004, S. 119–142.

11. Detaillierte Unterrichtsbeispiele

Nachdem ich in der Tabelle überblicksartig eine Vielzahl von Unterrichtsbeispielen vorgestellt habe, möchte ich nun anhand von drei Detailausarbeitungen den gehirn-gerechten Mittelalterunterricht weiter verdeutlichen. Hierzu stelle ich die aus meiner Sicht besonders ergiebigen Themenbereiche *Märchenhaftes, Heldinnen und Helden* und abschließend *Darstellungen des Mittelalters* näher vor.

11.1 Themenbereich: Märchenhaftes

Unterthema: Magische, verhängnisvolle Ringe

Im *Nibelungenlied* begegnen uns einige bekannte Märchenmotive. Speziell im ersten Teil, der Siegfriedsage, finden wir Vertrautes aus Märchen wie etwa den Drachenkampf, den Zwerg Alberich mit der Tarnkappe, vor allem aber einen Märchenhelden, der mit seinem Schwert Balmung den sagenhaften Nibelungenhort erobert.[194] Märchenhaftes schließt immer auch surreale und wunderbare Elemente mit ein. Diese begegnen uns im *Nibelungenlied* beispielsweise als ‚magische Gegenstände' wie Siegfrieds Tarnkappe (Str. 336-338), der Nibelungenhort mit einer goldenen Wünschelrute (Str. 1124), außergewöhnliche Schwerter wie Siegfrieds Balmung (z. B. Str. 955) und auch Brünhilds Gürtel und Ring (Str. 679-680).

Märchenhafte, magische Elemente im *Nibelungenlied* als Unterrichtsbeispiele auszuwählen, empfehle ich vor allem deshalb, weil damit einige wesentliche Forderungen des gehirn-gerechten Lernens berücksichtig werden: Übersinnliches, Magisches fasziniert ohne Frage viele Jugendliche. Die ungeheure Beliebtheit der magischen Welt Harry

---

[194] Vgl. Heinz-Albert Heindrichs: Märchen und Mittelalter. In: Sagen- und Märchenmotive im Nibelungenlied. Dokumentation des dritten Symposiums von Stadt Worms und Nibelungenlied-Gesellschaft Worms e. V. Hrsg. von Gerold Bönnen und Volker Gallé. Worms: Stadtverlag Worms 2002. (=Schriftreihe der Nibelungenlied-Gesellschaft Worms e. V. 2.) S. 11

Potters liefert den Beweis dafür. Daher kann bei diesem Thema grundsätzlich mit einer positiven Grundeinstellung (vgl. Kapitel 4.4 *Emotionen beim Lernen beachten*) gerechnet und auf bereits erworbenes Vorwissen aufgebaut, also vernetzt gelernt werden. Als ‚Brücke' zum *Nibelungenlied* eignet sich der *Herr der Ringe* ausgezeichnet. Wohl in wenigen literarischen Werken ist die Rolle von magischen Gegenständen so ausgeprägt und auch intertextuell so ausgiebig. Ich will nun in diesem Unterrichtsbeispiel *Magische, verhängnisvolle Ringe* die vergleichenden Möglichkeiten aufzeigen und dadurch gehirn-gerechten Mittelalterunterricht veranschaulichen.

Auch wenn sich Tolkien gegen die Unterstellung eines schwedischen Übersetzers („Der Ring ist gewissermaßen der Nibelungenring"[195]) wehrte, wissen wir, dass er mythologisch und literarisch vom Motiv des Ringes aus der Nibelungensage maßgeblich inspiriert wurde.[196] Im *Nibelungenlied* wird Brünhilds Ring, ähnlich wie der Drachenkampf, zwar nur beiläufig erwähnt, aus der Stoffgeschichte der Nibelungen, insbesondere aus der *Völsunga saga*, kennen wir jedoch verfluchte Ringe wie Andwaranaut, dessen Fluch alle Völsungen und später die Nibelungen tötet. Der *Eine Ring*, Saurons Ring aus dem *Herrn der Ringe*, besitzt den Beinamen *Isildurs Fluch* aus ähnlichen Gründen. Dieses zentrale Motiv – ein Ring, der die anderen 19 gefertigten Ringe beherrscht –, ist allgegenwärtig und handlungstragend im *Herrn der Ringe*. Der Auftrag des Ringträgers Frodo, den Ring zu zerstören, zieht sich durch die gesamte Trilogie und endet dramatisch im Kampf mit Gollum.

- Impulsfrage: Welche Bedeutung haben Ringe im Mittelalter und heute?

Generell lohnt es sich, einen Blick auf die Bedeutung von Ringen im Mittelalter und in der Gegenwart zu werfen. Aus der germanischen

---

[195] Simek, Mittelerde, S. 163.
[196] Vgl. ebda., S. 163ff.

Mythologie kennen wir neben dem verfluchten Ring *Andwaranaut* auch noch Odins Ring *Draupnir*. Wie bei vielen anderen Völkern waren kostbare goldene Ringe bei den germanischen Stämmen ein Zeichen der Macht, im Mittelalter waren sie ein verlässlicher Hinweis auf den Stand und den Reichtum der TrägerInnen. Verschiedenste Arten von Ringen wie Fingerringe, Siegelringe, Eheringe und auch Giftringe sind uns als Realien überliefert. Dass Ringe als Autoritätssymbol bis heute überlebt haben, zeigt beispielsweise der Fischerring des Papstes. Abgesehen von Ringen als Schmuckgegenständen begegnen uns Ringe bis heute im Zusammenhang mit der Eheschließung. Der Austausch zweier gleicher Ringe als Besiegelung der Verbindung zweier Menschen bei der Trauung bedeutet bis heute eine ,Vereinbarung'. Darüber hinaus symbolisiert die kreisförmige, geschlossene Form des Rings auch Ewigkeit und Verbundenheit. Vielen SchülerInnen dürften auch Ringe bekannt sein, die bis heute unter Geheimgesellschaften (darunter solchen, die im Kino zum Thema gemacht werden) als Erkennungszeichen dienen. Die Behandlung des Ringes im Mittelalter und heute stößt mit Sicherheit auf positive Resonanz. Vielleicht kennen die SchülerInnen auch weitere moderne Funktionen von Ringen wie in der Popkultur.

- Impulsfrage: Was ist das Verhängnisvolle an den Ringen im *Herrn der Ringe* und im *Nibelungenlied*?

Außer Frage steht, dass von beiden Ringen schicksalhafte Wirkungen ausgehen.

Warum sich der *Eine Ring* in Tolkiens Trilogie so fatal auf das Handeln des Trägers auswirkt, den Wunsch nach Macht weckt und den Geist mit Gier und Größenwahn erfüllt, beschreibt am besten die Vorgeschichte des Ringes im *Silmarillion*:

> Nun schmiedeten die Elben viele Ringe; heimlich aber schmiedete Sauron den Einen Ring, der alle andren beherrschte; ihre Macht war ganz und gar an den Einen gebunden und ihm untertan und dauerte

nur so lange, wie auch er dauerte. Und von Saurons Kraft und Willen
ging ein großer Teil in jenen Einen Ring ein[197].

Dies erklärt die Macht und das Böse, das von dem *Einen Ring* auf seine
Träger ausgeht. Mächtig ist der Ring auch deshalb, da er seine Träger
unsichtbar macht (Parallele zur Tarnkappe) und ihre Lebenszeit ver-
längert. Der Fluch des Rings und seines Herrn liegt wie ein Schatten über
Mittelerde – erst die Vernichtung des Rings hebt seinen Fluch auf.
Das *guldîn vingerlîn* (Str. 679,3) im *Nibelungenlied* hat zwar weniger
Macht als der *Eine Ring*, erfüllt jedoch eine ebenso tragische Rolle.
Dadurch, dass Siegfried Brünhild zugleich mit dem Gürtel auch den
goldenen Ring abnimmt, bezwingt er sie. Nach dieser Gewaltanwendung gegenüber der Königin von Island begeht Siegfried einen verhängnisvollen Fehler: *Er gab iz sînem wîbe; daz wart im sider leit.* (Str. 680,
3) Der Nibelungendichter deutet bereits hier an, dass Siegfried die Weitergabe des Ringes an seine Frau noch bereuen werde. Als verhäng-
nisvoll erweist sich die ‚Bezwingung' Brünhilds, symbolisch verdeutlicht
durch die Wegnahme von Ring und Gürtel, im Streit der Königinnen
(Str. 847). Um zu verdeutlichen, wie wichtig Brünhild dieser goldene
Ring war, führt der Nibelungendichter in Strophe 848 weiter aus:

> *Si sprach: "diz golt vil edele daz wart mir verstoln und ist mich harte lange vil*
> *übele vor verholn. ich kum es an ein ende, wer mir ez hât genomen." die*
> *vrouwen wâren beide in grôz ungemüete komen.*

Die Bedeutung und Folgewirkungen des Rings bzw. des Gürtels als
Beweisstücke treten erst im weiteren Verlauf der Handlung nach und
nach zutage. Der Verrat an Brünhild wird zur Ermordung Siegfrieds und
am Ende sogar zum Untergang der Nibelungen führen. In diesem Sinne
liegt tatsächlich ein Fluch auf diesen magischen Gegenständen.

---

[197] J. R. R. Tolkien: Das Silmarillion. Hrsg. von Christopher Tolkien. Aus dem
Englischen übersetzt von Wolfgang Krege. 15. Aufl. Stuttgart: Klett-Cotta 2004,
S. 386.

Bei der **praktischen Umsetzung** empfehle ich als Textstellen im *Nibelungenlied* die ‚Bezwingung' Brünhilds, vor allem aber die Strophen 679 und 680:

Sîfrit stuont dannen, ligen lie er die meit,
sam er von im ziehen wolde sîniu kleit.
er zôch ir ab der hende ein guldîn vingerlîn,
daz si des nie wan innen, diu edle künegîn.

Siegfried trat beiseite, ließ die junge Frau liegen
und tat so, als ob er sich ausziehen wollte.
Er zog von Brünhilds Hand einen goldenen Ring ab,
ohne dass die edle Königin dies bemerkte. (Str. 679)

Dar zuo nam er ir gürtel, daz was ein porte guot.
ine weiz, ob er daz tæte durch sînen hôhen muot.
er gab iz sînem wîbe; daz wart im sider leit.
dô lâgen bî ein ander Gunther unt diu schœniu meit.

Außerdem nahm er ihren Gürtel, eine vorzügliche Borte.
Ich weiß nicht, ob er das aus Übermut tat.
Er gab beides seiner Frau, was ihm später Leid tun sollte.
Nun schlief Gunther mit der schönen jungen Frau. (Str. 680)

Im Königinnenstreit (Str. 847) erweist sich der Ring als verhängnisvolles Beweisstück:

Dô sprach diu vrouwe Kriemhilt: "ir möhtet mich lâzen gân. ich erziugez mit
dem golde, daz ich an der hende hân. daz brâhte mir mîn vriedel, dô er êrste bî
iu lac." nie gelebte Prünhilt deheinen leideren tac. (Str. 847)

Bei dieser Strophe könnte den SchülerInnen zuerst der mittelhochdeutsche Text ohne Übersetzung zum Lesen gegeben werden. Vielleicht traut sich auch eine mutige Schülerin oder ein mutiger Schüler mit ein paar Aussprachetipps durch die Lehrenden die Strophe laut vorzulesen. In theatererprobten Klassen könnten sogar SchülerInnen vor die Klasse treten und die Zeilen gestisch und mimisch unterstützt vortragen. Zwei Wörter müssen unbedingt erklärt werden: in Zeile 2 *erziugen* – ‚bezeugen' – und in der 3. Zeile *vriedel* – ‚Geliebter' oder ‚Ehemann'. Mit diesen kleinen Hilfestellungen würde der Inhalt nach dem Lesen (und vor allem Hören!) für die meisten SchülerInnen nachvollziehbar sein.

Der Ring als wesentlicher Faktor im Streit der Königinnen dient auch der Erklärung dieser schicksalhaften Auseinandersetzung der beiden Protagonistinnen. Gerade in der Unterstufe sind die komplexen Ursachen des Königinnenstreits mitunter schwer begreiflich zu machen. Mit Hilfe des verhängnisvollen Rings könnte diese Episode im Unterricht verständlich gemacht werden.

Auch im *Herrn der Ringe* lassen sich zu dieser Thematik viele passende Textbeispiele finden. Das dem ersten Buch vorangestellte Gedicht bietet ein gute Zusammenfassung über die Funktion der Ringe und des *Einen Rings*:

> *Drei Ringe den Elbenkönigen hoch im Licht,*
> *Sieben den Zwergenherrschern in ihren Hallen aus Stein,*
> *Den Sterblichen, ewig dem Tode verfallen, neun,*
> *Einer dem Dunklen Herrn auf dunklem Thron*
> *Im Lande Mordor, wo die Schatten drohn.*
> *Ein Ring, sie zu knechten, sie alle zu finden,*
> *Ins Dunkel zu treiben und ewig zu binden,*
> *Im Lande Mordor, wo die Schatten drohn.*

Diese düsteren Zeilen bieten sich an, untermalt mit dem *Herrn der Ringe*-Soundtrack zum Film *Die Gefährten* (z. B. Lied Nummer 1 *The Prophecy*), beispielsweise von zwei SchülerInnen abwechselnd vorgetragen zu werden. Eindringlich ist dieses Gedicht auch in der Eröffnungsszene des ersten *Herrn der Ringe*-Films *Die Gefährten* positioniert.

Im Zusammenhang mit magischen Gegenständen schlage ich weiters folgende Umsetzung vor:

Unterrichtsbeispiel: ‚Magische' NibelungenheldInnen

Stell dir vor, du wärst eine zusätzliche (märchenhafte) Figur im Nibelungenlied.
→ *Wo kommst du her?*
→ *Wie siehst du aus?*

Diese Umsetzungsmöglichkeit zielt in erster Linie auf die Unterstufe ab. Voraussetzung wäre die zumindest überblicksmäßige Kenntnis des Inhalts des *Nibelungenlieds*, Kenntnisse von einigen märchenhaften Elementen und den wichtigsten HeldInnen. Die grafische Umsetzung hängt sicher von der Begeisterung und den Fähigkeiten der SchülerInnen ab, in einer HTL mit grafischem Zweig würde diese Aufgabenstellung vermutlich großen Anklang finden.

11.2 Themenbereich: Heldinnen und Helden

Heldinnen und Helden eigenen sich ausgezeichnet, um einen gehirngerechten Mittelalterunterricht zu gestalten. Gerade der Vergleich der HeldInnen aus dem *Nibelungenlied* und dem *Herrn der Ringe* bietet viele Möglichkeiten. Im Sinne eines gehirn-gerechten Lernens sind hier nicht nur die Ähnlichkeiten der ProtagonistInnen, sondern vor allem auch deren Unterschiede von Interesse.
Folgende Vergleichspaare eignen sich für einen Vergleich:

- Brünhild und Èowyn
- Kriemhild und Arwen
- Siegfried und Aragorn
- Hagen und Boromir
- Dietrich von Bern und König Thèoden oder Faramir
- Volker und Legolas

Am interessantesten und ergiebigsten erscheint mir der Vergleich zwischen Siegfried und Aragorn, weshalb ich mich in meiner Detailausarbeitungen darauf konzentriere.

Unterthema: Strahlende Helden – Siegfried und Aragorn

Wir wissen, dass Tolkien den Sagenkreis um Siegfried sehr gut kannte und in seiner Jugend der Drachenkampf Siegfrieds eine seiner Lieblingsgeschichten war. Lin Carter nennt mehrere Elemente, die Tolkien direkt aus der Siegfriedsage entnahm.[198]

- Impulsfrage: Erkennst du Ähnlichkeiten und Unterschiede zwischen den beiden Helden?

Es gibt mehrere Parallelen Ähnlichkeiten zwischen Siegfried und Aragorn:
  - Brautwerbung: beide müssen, bevor sie ihre Angebetete zur Frau bekommen, schwierige Aufgaben bewältigen;
  - Dreiecksbeziehungen: Aragorn-Arwen-Èowyn und Siegfried-Kriemhild-Brünhild (im *Nibelungenlied* ist die Bekanntschaft Siegfrieds mit Brünhild aus früheren Tagen nicht explizit erwähnt, aber zumindest rätselhaft);
  - Übernatürliche Fähigkeiten: *Siegfried* ist durch sein Bad im Drachenblut (fast) unbesiegbar; *Aragorns* Hände besitzen heilende Fähigkeiten;
  - Besitz von geheimnisvollen Gegenständen: *Siegfried*: Tarnkappe; Aragorn: z. B. den von Galadriel überreichten Elbenstein Elessar;
  - magische, mythische Schwerter: Balmung bzw. Andúril;
  - außergewöhnliche, namentlich genannte Pferde: Gram bzw. Roheryn;
  - beide sind von edler, königlicher Herkunft (Siegfried ist *ein edelen küneges kint* (NL Str. 20, 1));
  - beide sind große Kämpfer, Anführer, entscheidend in Schlachten;
  - beide bewähren sich als Ratgeber: *Siegfried* berät König Gunther (Str. 313), *Aragorn* ist Ratgeber König Thèodens z. B. in der Schlacht um Helms Klamm.

---

[198] Vgl. Carter, Tolkien, S. 138f.

Unterschiede:

- Zweifel: *Aragorn* zweifelt an seiner Bestimmung und reist bzw. kämpft lange Zeit verdeckt, offenbart niemandem seine königliche Herkunft; *Siegfried*: keine Zweifel an seiner Stärke, keine Selbstzweifel und Selbstreflexion.
- Umgang mit Frauen: Während Aragorn Frauen als rücksichtsvoller, einfühlsamer Held begegnet, zeigt Siegfried mehrere Seiten: Einerseits verhält er sich höfisch charmant, andererseits wirkt er manchmal (mit heutigen Augen betrachtet) wie ein Macho (NL Str. 673) und wendet sowohl gegen Brünhild als auch gegen Kriemhild Gewalt an.
- *Aragorn* tritt als abgeklärter, nachdenklicher, ja weiser Held auf; *Siegfried* hingegen als naiv, einfältig, teils sogar fast kindlich.[199]
- *Siegfried* wirkt fast überirdisch siegessicher; *Aragorn* weit unsicherer und verletzlicher, auch wenn *er* letztlich überlebt.
- *Siegfried* wird als schöner, strahlender Held beschrieben: *daz man helt deheinen nie sô scœnen gesach* (Str. 286,4); *Aragorn* als zerlumpter Waldläufer ,Streicher', erst am Ende als strahlender König.
- *Siegfried* bekommt das Königreich von seinem Vater noch zu dessen Lebzeiten übertragen; *Aragorn* muss sich durch langen Krieg die Königskrone erkämpfen.
- *Siegfried* braucht als ,perfekter Märchenheld' (zumindest im *Nibelungenlied*) keinen Mentor; *Aragorn* lernt vom weisen, alten Zauberer Gandalf, der ihm letztlich die Königskrone aufsetzt.
- Die Figur *Siegfried* macht keinen Entwicklungsprozess durch, wird von Anfang an als Held im *Nibelungenlied* eingeführt; nur wenige HeldInnen im *Herrn der Ringe* machen eine so umfangreiche Entwicklung durch wie *Aragorn*: vom einfachen (Land)-Streicher zum rechtmäßigen König seines Volkes.

---

[199] Vergleiche hierzu z. B. Otfried Ehrismann: Siegfried und das Motiv des Dümmlings im Nibelungenmythos. In: Sagen- und Märchenmotive im Nibelungenlied. Dokumentation des dritten Symposiums von Stadt Worms und Nibelungenlied-Gesellschaft Worms e. V. Hrsg. von Gerold Bönnen und Volker Gallé. Worms: Stadtverlag Worms 2002 (=Schriftreihe der Nibelungenlied-Gesellschaft Worms e. V. 2.) S. 70 - 96.

Unterrichtsbeispiel: Gruppenarbeit

*Arbeite in der Gruppe (3-6 Personen) die Parallelen und Unterschiede
zwischen den beiden Helden Siegfried und Aragorn heraus.*
*Präsentiert anschließend (ca. 10 Minuten) die Ergebnisse der Arbeits-
gruppe vor der Klasse.*

Um beide Helden zu vergleichen ist ein solides Basiswissen über beide
Werke notwendig. Im Fall von Aragorn reicht das Wissen durch die
Filmtrilogie aus, da darin viele wichtige Charakterisierungen Aragorns
vorkommen.

Die folgenden beiden Aufbereitungsmöglichkeiten sollen kreatives,
gehirn-gerechtes Lernen weiter veranschaulichen:

Unterrichtsbeispiel: Briefe schreiben

Schreib einen Brief *(mind. 300 Wörter) an Siegfried und/oder Aragorn.
Stelle darin konkrete Fragen, warum etwa Aragorn so lange an sich
zweifelt, warum Siegfried zu Frauen so brutal ist oder wie der
Drachenkampf verlief.*

Behandle die Themen, die dich bisher verwundert oder beschäftigt haben!

(Anschließend werden Briefe ausgetauscht.)

Beantworte den erhaltenen Brief *(mind. 300 Wörter) und versuche nach
besten Wissen und nochmaligem Studium der Texte bzw. Textstellen die
Fragen zu beantworten. Versuche aus Sicht des Helden zu antworten und
behalte die Rahmenbedingungen des Mittelalters bzw. von Mittelerde, so
weit du sie kennst, im Auge.*

Wenn SchülerInnen Briefe an literarische Figuren schreiben, entsteht eine Verbindung von persönlicher Weltsicht und Wahrnehmung der im Text gestalteten Figur; der Text wird nicht nur passiv konsumiert, sondern in Verbindung mit Imaginationskraft und Phantasie gestaltend bearbeitet.[200] Die Aufgabenstellung ist sowohl in der Unterstufe als auch in der Oberstufe einsetzbar. In der Unterstufe werden vermutlich Fragen nach dem Drachenkampf mehr im Mittelpunkt stehen, in der Oberstufe können auch Themen wie Geschlechterrollen oder Gewalt gegen Frauen vorkommen. Voraussetzung dafür ist ein Hintergrundwissen über beide Helden und die Behandlung einiger grundsätzlicher Rahmenbedingungen im (literarischen) Mittelalter bzw. in Tolkiens Mittelerde. Weiters ist wichtig, dass markante Textstellen vorher bereits besprochen wurden. Sowohl das *Nibelungenlied*, eventuell auch in einer Nachdichtung, als auch *Der Herr der Ringe* müssen zum Nachschlagen aufliegen und die Lehrenden für Ratschläge zur Verfügung stehen.

Unterrichtsbeispiel: TV-Society-Bericht „Der Held im Bild"

Arbeite schriftlich ein kurzes, prägnantes Portrait (ca. 150 Wörter) von Siegfried/Aragorn aus, das du in einem TV-Society-Bericht als NachrichtensprecherIn vorträgst. Beachte dabei, was die ZuseherInnen interessieren könnte, über welche heldenhaften Taten und welche ,dunklen Seiten' zu berichten ist. Bereite dich auf den mündlichen Beitrag gut vor, damit du wie ein(e) TV-ModeratorIn deinen Text flüssig vortragen kannst. Du darfst natürlich auch Bilder oder Filmausschnitte der Helden einbauen!

In diesem Unterrichtsbeispiel, in AHS und BHS einsetzbar, wird kreativ-spielerisch das Wissen um eine literarische Figur zusammengefasst. Besonders eignet sich dieser TV-Society-Bericht als Abschluss und Zusammenfassung einer Einheit über das *Nibelungenlied* und seine HeldInnen. Zusätzlich werden Talente im Vortragen und Theaterspielen gefördert. Wenige können sich den Berichten ihrer Musik- oder Sport-

---

[200] Vgl. Ringeler, Walther, S. 346f.

helden in den Medien entziehen. Warum also nicht HeldInnen aus Mittelerde oder aus dem *Nibelungenlied* ins Rampenlicht rücken?!

Je nachdem, wie kreativ die SchülerInnen sind, sollten Lehrende Film- und Bildmaterial zur Verfügung stellen. Bei einer detailreichen Ausarbeitung z. B. auch mit Filmszenen ist die Vorbereitungs- und Durchführungszeit sicherlich länger als eine Schulstunde. Hier können die Textaufgaben teilweise auch als Hausübung ausgelagert werden.

Zur genaueren Charakterisierung der beiden Helden empfehle ich z. B. folgende Textpassagen: Siegfried als wunderschöner Märchenprinz:

> *Dô stuont sô minneclîche daz Sigmundes kint,*
> *sam er entworfen wære an ein permint*
> *von guotes meisters listen, alsô man im jach,*
> *daz man helt deheinen nie sô scœnen gesach.*

> Da stand nun Siegmunds Sohn so liebenswert –
> wie von der Kunst eines guten Meisters
> auf Pergament gemalt. Es hieß ja auch von ihm,
> dass man noch nie einen so schönen Helden gesehen habe. (NL Str. 286)

Aragorn hingegen wird unter seinem Decknamen „Streicher" wie folgt beschrieben:

> Als Frodo herüberkam, warf er [Streicher] seine Kapuze zurück und enthüllte einen strubbeligen Kopf mit dunklem, graudurchzogenem Haar, und in einem bleichen strengen Gesicht ein Paar scharfe, graue Augen. (HdR I S. 197)

In Franz Fühmanns Leseheft *Das Nibelungenlied mit Materialien* wird Siegfried der Drachentöter so eingeführt:

> „Siegfried der Drachentöter?" fragte König Giselher. „Ich glaube, dass er es ist", sagte Hagen. „Was wisst Ihr von ihm, Freund Hagen?", fragte König Gunther. „Man kann ihn nicht töten", sagte Hagen, „seine Haut ist vollständig mit Horn überzogen. Er hat sich im Blut des erschlagenen Drachen gebadet, da ist ihm ein Panzer gewachsen, der ihn unverwundbar macht. Außerdem besitzt er die Tarnhaut, mit der er sich jedem Blick entziehen kann, die hat er dem Zwerg Alberich

abgenommen, dem Hüter des Nibelungenhorts, und er besitzt auch das Schwert Balmung, das schärfste aller Schwerter, die je ein Held geschwungen hat!"[201]

Auch Aragorn besitzt ein sagenhaftes Schwert, mit dem er in den Krieg zieht:

Elendils Schwert wurde von Elben-Schmieden neu geschmiedet, und auf seiner Klinge wurden als Sinnbild sieben Sterne zwischen Mondsichel und der strahlenden Sonne eingraviert, und darüber standen viele Runen. Denn Aragorn, Arathorns Sohn, zog in den Krieg im Grenzgebiet von Mordor. Sehr hell strahlte das Schwert, als es wieder heil war; das Licht der Sonne schien rötlich auf ihm und das Licht des Mondes kalt, und seine Schneide war hart und scharf. Und Aragorn gab ihm einen neuen Namen und nannte es Andúril, Flamme des Westens. (HdR I S. 336f.)

Aragorn zeichnet sich außerdem durch seine ‚heilenden Hände' aus, die gemäß der Legende seine königliche Abstammung beweisen sollen:

Jetzt kniete sich Aragorn neben Faramir nieder und legte eine Hand auf seine Stirn. Und diejenigen, die zuschauten, spürten, daß irgendein großer Kampf ausgefochten wurde. Aragorns Gesicht wurde grau vor Erschöpfung, und immer wieder rief er Faramirs Namen, doch jedes Mal hörten sie ihn leiser, als ob Aragorn selbst fern von ihnen sei und in irgendeinem dunklen Tal wandere und jemanden rufe, der sich verirrt hatte. (HdR III S. 156f.)

Wie in den vorgeschlagenen Textstellen ersichtlich wird, eignen sich Siegfried und Aragorn ausgezeichnet für einen direkten Vergleich. Durch die Kontrastierung der beiden Helden wird beispielsweise Siegfrieds Darstellung als naiver ‚Märchenprinz' – im Gegensatz zum nachdenklichen, zögernden Waldläufer Aragorn – verdeutlicht. Außerdem wird aufgezeigt, dass auch die HeldInnen des *Nibelungenlieds* mit

---

[201] Franz Fühmann/Isolde Schnabel: Das Nibelungenlied mit Materialen. 2. Aufl. Stuttgart: Klett Verlag 2002, S. 9.

magischen Schwertern, großen Schlachten oder übernatürlichen Fähigkeiten aufwarten können. Durch die Porträtierung (TV-Society-Bericht)
der beiden Helden wird deutlich, dass Idole des Mittelalters, und das
war Siegfried ohne Zweifel, genauso Licht- wie auch Schattenseiten und
durchaus Ähnlichkeiten mit einigen unserer ‚modernen' HeldInnen
aufweisen.

11.3 Themenbereich: Darstellungen des Mittelalters

Unterthema: Reflexion des ‚Mittelalterbooms' anhand medialer
Darstellungen

Der so genannte ‚Mittelalterboom' stellt den Deutsch- und den Ge-
schichtsunterricht vor eine echte Herausforderung. Die Faszination für
das Mittelalter birgt enorme didaktische Möglichkeiten. Gleichzeitig
dient – wie schon eingangs erwähnt – das Mittelalter stärker denn je als
„narrativer Resonanzraum"[202] und verlangt nach fachkundiger Betreuung und Behandlung. Das transportierte (mediale) Bild des Mittelalters
erinnert an Vorstellungen aus dem 19. Jahrhundert oder aus ‚Fantasy'-
Romanen und bedarf einer Thematisierung in der Schule (vgl. dazu
Kapitel 5.1 *Problematische Mittelalterbilder*). Es geht hier nicht nur um die
Berücksichtigung oder das Zurechtrücken von mittelalterlicher Literatur
und Kultur, sondern um die bewusste Reflexion einer oft verzerrt
dargestellten und mit vielen Projektionen und Sehnsüchten beladenen
Epoche.

- Welche Darstellungen bzw. Darstellungsformen des Mittelalters kennst du?

Das Mittelalter bzw. mittelalterähnliche und pseudo-mittelalterliche
Darstellungen finden wir mittlerweile fast überall: in der Musik, im

---

[202] Bert Rebhandl: Moderne Kreuzzüge. In: Der Standard (Album) vom 26. 11. 2005,
S. A2.

Kino, im Fernsehen, in Zeitschriften und Zeitungen, in der Werbung, im Internet, im Computerspielbereich usw. Manchmal scheint diese Bilder- und Mythen-Flut den Rezipienten, die Rezipientin schier zu erdrücken. Ein erster Schritt zu mehr Distanz und Reflexion wird durch die allgemeine Erörterung ermöglicht, in der die SchülerInnen mittelalterliche oder (vermeintlich) mittelalterliche Darstellungen bzw. Darstellungsformen in ihrem Leben wahrnehmen.

Wahrscheinlich ist eine umfassende Behandlung dieses Themas nur im Rahmen eines Projekts oder des vertiefenden Deutschunterrichts (‚Wahlpflichtfach') möglich. Eine fächerübergreifende Behandlung mit Geschichte bietet sich ebenfalls an. Jedenfalls entspricht das Aufgreifen dieser Impulsfrage dem im Lehrplan unter ‚Mediale Bildung' definierten Auftrag des Deutschunterrichts zur Vermittlung von ‚Medienkompetenz', ist also geeignet, eine kritische Auseinandersetzung mit Neuen Medien, ihren vielfältigen Darstellungsformen und ihrer gesellschaftlichen Rolle zu fördern.[203]

- Welches Mittelalterbild präsentieren die ausgewählten Zeitschriften?

Das Mittelalter scheint brandaktuell und interessanter denn je zu sein. Das ist auch in der Themenwahl diverser Zeitschriften zu erkennen. Hier eine Auswahl von Zeitschriften, deren Beiträge sich für eine nähere Analyse und kritische Betrachtung der dort vermittelten Darstellungen des Mittelalters eignen:

> Geschichte. Menschen – Ereignisse – Epochen, z. B. Ausgabe 4 (2004) zum Thema Burgenbau im 21. Jahrhundert, S. 6-11.
> DAMALS. Das Magazin für Geschichte und Kultur, z. B. 4 (2004) mit dem Titelthema *Die Kreuzzüge*.
> Karfunkel (erscheint zweimonatlich, jeweils aktuelle Hefte)
> P. M., P. M. HISTORY oder P. M. Perspektive, hier z. B das Themenheft 1 (2004): *Das Leben im Mittelalter*.)
> Spiegel (2005), H. 44: *Die Welt des Mittelalters*, S. 168-182.

---

[203] Vgl. URL: http://www.bmbwk. gv.at/medienpool/11853/lp_neu_ahs_01.pdf, S. 2f.

Gruppenarbeit: Das Mittelalter in Zeitschriften

Analysiert in der Gruppe (4-5 Personen) die ausgewählten Zeitschriften und fasst eure Ergebnisse in einem Portfolio von zwei bis drei Seiten zusammen.

Berücksichtigt dabei u. a. folgende Bereiche:

- *Verhältnis von Text- und Bildanteil*
- *Sprachstil*
- *Illustrationen, Grafiken*
- *Angaben von Quellen, Erwähnung mittelalterlicher Texte*
- *Werden VerfasserInnen oder WissenschaftlerInnen genannt?*
- *Welches Bild vom Mittelalter wird präsentiert?*

Der hohe Anspruch dieser Gruppenarbeit in Hinblick auf Text- und Bildanalyse spricht eher für einen Einsatz in der Oberstufe. Analog zu diesem Unterrichtsbeispiel bietet sich auch eine Behandlung des *Nibelungenlieds* in den folgenden ausgewählten Zeitschriften bzw. Broschüren an:

- ➤ *P. M. HISTORY* (2001), H. 6, Themenheft: *Die Nibelungen. Siegfried, Kriemhild, Hagen und Co.*
- ➤ *P. M.* (2005), H. 5 (*Das Nibelungen-Lied*, Teil 1: *Kriemhilds Traum*, S. 69 - 82) und
- ➤ *P. M.* (2005), H. 6 (*Das Nibelungen-Lied*, Teil 2: *Kriemhilds Rache*, S. 79 - 92)
- ➤ S. Broschüre der Nibelungen-Gesellschaft Worms: *Die Nibelungen. Facetten eines Epos* (Text von Ulrich Schäfer)

Als ein interessantes, wenn auch zeitintensives Unterrichtsbeispiel bietet sich auch der Vergleich dreier Nibelungen-Verfilmungen an:

- ➤ Fritz Lang: *Die Nibelungen*, Teil 1 und 2 [Produktion 1924, VHS 2004]

> Paul Richter: *Die Nibelungen,* Teil 1 und 2 [Produktion 1966, VHS 1990]
> Ulrich Edel: *Die Nibelungen – der Fluch des Drachen* und *Die Nibelungen – Liebe und Verrat* [DVD 2004].

Ein Filmvergleich mit inhaltlicher und filmtechnischer Analyse passt gut ins Konzept des gehirn-gerechten Mittelalterunterrichts und würde vermutlich auf positive Resonanz bei den SchülerInnen stoßen. Neben dem ‚Zeitproblem' müssten sich die Lehrenden jedoch über die persönliche Herausforderung im Klaren sein. Ein fundiertes Wissen über (suggestive) Bildsprache und Filmdramaturgie sowie über das historische Umfeld eines Films ist Voraussetzung für einen verantwortungsvollen Einsatz im Unterricht. Besonders anspruchsvoll ist Fritz Langs Nibelungenverfilmung. Langs teilweise rassistische Darstellungen und seine bis heute ungewöhnliche Filmästhetik bedürfen besonderer Sensibilität.

Auch die jüngste, starbesetzte 20-Millionen-Euro Nibelungenverfilmung verlangt nach fachkundiger Betreuung (und mediävistischer Geduld). Nicht nur, dass Regisseur Ulrich Edel den ‚Nibelungenuntergang' gänzlich streicht, er lässt Siegfried und Brünhild einander an der Absturzstelle eines Meteoriten näher kommen, als die mittelalterliche Vorlage erzählt. Doch gerade weil diese aufwändige, mit Spezialeffekten überladene Verfilmung das Nibelungenbild der Jugendlichen so maßgeblich mitpräg(e), erfordert sie eine inhaltliche ‚Begutachtung'.

12. Schlussbemerkungen

In der Didaktik gibt es keine Patentrezepte, weder aus der Neurobiologie noch aus anderen Bereichen. Bei allem somit angebrachten Realismus dürfen jedoch auch die Forderungen nach neuen didaktischen Ansätzen nicht verstummen. Durch die Zurückdrängung älterer Literatur im Deutschunterricht ist gerade die Mittelalterdidaktik verstärkt aufgerufen, sich um neue, innovative Modelle zu bemühen.

Diese Arbeit hat gezeigt, dass die Verknüpfung neurobiologischer Erkenntnisse mit bewährten Unterrichtskonzepten – vorgeführt anhand der Verwendungsmöglichkeiten des *Nibelungenlieds* und des *Herrn der Ringe* im Deutschunterricht – neue Perspektiven für die Mittelalterdidaktik bietet. Gehirn-gerechtes Lehren und Lernen, in meinem literaturdidaktischen Zugang charakterisiert durch die Schlagwörter *Lernen mit beiden Gehirnhälften, vernetztes Lernen, dem Lernen einen persönlichen und sozialen Sinn geben, Emotionen beim Lernen beachten* und *vielschichtige Informationsvermittlung und aktive Wissenserarbeitung*, sollte in jedes didaktische Modell einbezogen werden, wie es überdies mehrfach explizit in den aktuellen Lehrplänen gefordert wird. Mit einer Vielzahl an konkreten Vorschlägen und einigen ausführlicher dargelegten Unterrichtsbeispielen glaube ich auch verdeutlicht zu haben, dass mein Ansatz sehr wohl auf die Praxis abstimmbar ist.

Die Suche und Sehnsucht junger Menschen nach HeldInnen ist stärker denn je. Diese Sehnsucht kann für das Interesse an literarischen HeldInnen genutzt werden. Auch die allgemeine Begeisterung am Mittelalter oder an mittelalterähnlichen Welten bietet den Lehrenden didaktisch sinnvolle Anknüpfungspunkte. Wichtig ist jedoch, dass die gängigen Mittelalterbilder hinterfragt und die Fähigkeit, (mediale) Darstellungen des Mittelalters kritisch zu reflektieren, geschult werden müssen. Medienkompetenz dürfte im 21. Jahrhundert ohnedies eine der wichtigsten Aufgaben des Deutschunterrichts sein.

Es ist kein großes Geheimnis, dass mitunter eine beträchtliche ‚Kluft‘ zwischen didaktischen Konzepten und dem tatsächlichen ‚didaktischen Handeln‘ existiert. Daher stelle ich mir am Ende dieser Arbeit die Frage, ob tatsächlich alle meine – mit viel Idealismus ‚gewürzten‘ – Ideen und Unterrichtsvorschläge im Schulalltag voll umsetzbar sind. Manches, z. B. zeit- und vorbereitungsintensive Projektarbeiten, könnten die Möglichkeiten der Lehrenden hinsichtlich des Zeitbudgets übersteigen. Doch vieles sollte sich – weit über den ‚klassischen‘ Mittelalterunterricht hinaus – durch die Bezugnahme auf Märchen- und ‚Fantasy‘-Literatur, die Einbindung neuer Medien oder die Beleuchtung von Gender-Aspekten in der Literatur fruchtbar anwenden lassen und es dadurch erlauben, den gehirn-gerechten Mittelalterunterricht, neben den im Lehrplan (spärlich) vorgesehenen Stunden für das Mittelalter, im Deutschunterricht sinnvoll zu verankern.

In diesem Sinne versteht sich meine Arbeit als Anregung zu einer neuen Sicht und zu einem ideenreicheren Umgang mit mittelalterlicher Literatur; möge sie die Lust und das Interesse am Ausprobieren von Neuem wecken! Aus der festen Überzeugung heraus, dass ‚alte HeldInnen‘ im Deutschunterricht ihren Stellenwert haben müssen, soll diese Arbeit zugleich ein Plädoyer sein für eine sinnvolle, weil gerechtfertigte Vermittlung der Literatur des Mittelalters sowohl an den Universitäten als auch in der Schule.

13. Literaturverzeichnis

Primärliteratur

Campbell, Joseph: Der Heros in tausend Gestalten. Aus dem Amerikanischen von Karl Koehne. Frankfurt am Main: Insel 1999.

Das Nibelungenlied. Nach dem Text von Karl Bartsch und Helmut de Boor ins Neuhochdeutsche übersetzt von Siegfried Grosse. Durchges. und verb. Ausg. Stuttgart: Reclam 1999. (= Reclam Universal-Bibliothek. 644.)

Lechner, Auguste: Die Nibelungen. 2. veränd. Neuauflage. Innsbruck, Wien: Tyrolia 2004.

Köhlmeier, Michael: Die Nibelungen neu erzählt. 8. Aufl. München: Piper 2003.

Tolkien, J. R. R.: Der kleine Hobbit. Deutsch von Walter Scherf. München: dtv 1999.

Tolkien, J. R. R: Gute Drachen sind rar. Drei Aufsätze. Aus dem Englischen von Wolfgang Krege. 3. Aufl. Stuttgart: Klett-Kotta 2002.

Tolkien, J. R. R.: Der Herr der Ringe. Die Gefährten. Ins Dt. übersetzt von Margaret Carroux und Ebba-Margareta von Freymann. Stuttgart: Klett-Cotta 2003.

Tolkien, J. R. R.: Der Herr der Ringe. Die zwei Türme. Ins Dt. übersetzt von Margaret Carroux und Ebba-Margareta von Freymann. Stuttgart: Klett-Cotta 2003.

Tolkien, J. R. R.: Der Herr der Ringe. Die Rückkehr des Königs. Ins Dt. übersetzt von Margaret Carroux und Ebba-Margareta von Freymann. Stuttgart: Klett-Cotta 2003.

Tolkien, J. R. R.: Das Silmarillion. Hrsg. von Christopher Tolkien. Aus dem Englischen übersetzt von Wolfgang Krege. 15. Aufl. Stuttgart: Klett-Cotta 2004.

Von Hentig, Hartmut: Bildung. Ein Essay. München, Wien: Carl Hanser 1996.

Sekundärliteratur

Amsbeck, Stefanie: Deutsch betrifft *Das Nibelungenlied*. Aachen: Bergmoser u. Höller 1997. (= Deutsch betrifft uns. 1.)

Claßen, Hans-Gerd: Der Herr der Ringe (Auswahl) mit Materialen. Stuttgart: Klett Verlag 2002.

Bauer, Karin: Der innere Kompass. In: Der Standard (KarrierenStandard) vom 8/9. 10. 2005, S. E1.

Bärnthaler, Günther: Homo ferox II. Fest und Turiner in Hartmanns „Erec" und Wittenwilers „Ring". In: Informationen zur Deutschdidaktik. Zeitschrift für den Deutschunterricht in Wissenschaft und Schule 25 (2001), H. 3: Mittelalter, S. 89 –104.

Begemann, Ernst: Lernen verstehen – verstehen lernen. Zeitgemäße Einsichten für Lehrer und Eltern. Frankfurt am Main: Europäischer Verlag der Wissenschaften 2000. (= Erziehungskonzeption und Praxis. 44.)

Birkenbihl, Vera F.: Das „neue" Stroh im Kopf? Vom Gehirn-Besitzer zum Gehirn-Benutzer. 38. Aufl. Landsberg am Lech: mvg 2001.

Birkenbihl, Vera: Trotzdem Lehren. Offenbach: Gabal 2004.

Bowra, Cecil Maurice: Heldendichtung. Eine vergleichende Phänomenologie der heroischen Poesie aller Völker und Zeiten. Stuttgart: Metzlerische Verlagsbuchhandlung 1964.

Brall, Helmut: Drache, Held und Vorwelt. Sagengeschehen und höfische Ordnung im ‚Nibelungenlied'. In: Pöchlarner Heldenliedgespräch. Heldendichtung in Österreich – Österreich in der Heldendichtung. Hrsg. von Klaus Zatloukal. Wien: Fassbänder 1997. (= Philologica Germanica. 20.) S. 41–62

Breuss, Marlies/Hofmeister, Andrea: Mittelalterliche Literatur für coole Kids. In: Didaktoskop. Sonderbeilage zur Unizeit. Das Forschungsmagazin der Universität Graz 1 (2006), S. 16f.

Brickner, Irene: Wenig Platz für Heroen auf dem Heldenberg. In: Der Standard vom 6. Mai 2005, S. 9.

Carpenter, Humphrey: J. R. R. Tolkien. Eine Biografie. Aus dem Englischen übersetzt von Wolfgang Krege. 3. Aufl. Stuttgart: Klett-Cotta 2002.

Carter, Lin: Tolkien. A Look behind The Lord of the Rings. Überarbeitete und aktualisierte Ausgabe. London: Gollancz 2003.

Day, David: Tolkien's Ring. Illustrated by Alan Lee. London: Pavilion Books 2001.

Day, David: Tolkiens Welt. Die mythologischen Quellen des Herrn der Ringe. Aus dem Englischen übersetzt von Hans J. Schütz. Stuttgart: Klett-Cotta 2003.

Ehrismann: Otfried: Siegfried und das Motiv des Dümmlings im Nibelungenmythos. In: Sagen- und Märchenmotive im Nibelungenlied. Dokumentation des dritten Symposiums von Stadt Worms und Nibelungenlied-Gesellschaft Worms e. V. Hrsg. von Gerold Bönnen und Volker Gallé. Worms: Stadtverlag Worms 2002 (= Schriftreihe der Nibelungenlied-Gesellschaft Worms e. V. 2.) S. 70–96.

Freche, Katharina: Von zweier vrouwen bâgen wart vil manic helt verlorn: Untersuchungen zur Geschlechterkonstruktion in der mittelalterlichen Nibelungendichtung. Trier: WVT Wissenschaftlicher Verlag Trier 1999. (= Literatur, Imagination, Realität. 21.)

Fredrickson, Barbara L.: Glücksforschung. Die Macht der Gefühle. In: Gehirn und Geist 6 (2003), S. 39–42.

Friedrich, Gerhard/Preis, Gerhard: Lehren mit Köpfchen. In: Gehirn und Geist 4/02 (2002), S. 64–70.

Fornet-Ponse, Thomas: Tolkien und die Theologie. In: Stimmen der Zeit 1 (2005), H. 1, S. 51–62.

Fühmann, Franz/Schnabel, Isolde: Das Nibelungenlied mit Materialen. 2. Aufl. Stuttgart: Klett 2002.

Grünewald, Mathilde: Burgunden: Ein unsichtbares Volk? In: Nibelungen Schnipsel. Neues vom alten Epos zwischen Mainz und Worms. Hrsg. von Helmut Hinkel. Mainz: Philipp von Zabern 2004, S. 119–142.

Hasenberg, Peter: Tolkiens Bibel. „Der Herr der Ringe" ist auch ein religiöses Epos. In: Herder Korrespondenz. Monatsheft für Gesellschaft und Religion. 58. Jahrgang (2004) H. 5, S. 252–257.

Haymes, Edward: Das Nibelungenlied. Geschichte und Interpretation. München: Fink Verlag 1999. (= UTB. 2070.)

Heindrichs, Heinz-Albert: Märchen und Mittelalter. In: Sagen- und Märchenmotive im Nibelungenlied. Dokumentation des dritten Symposiums von Stadt Worms und Nibelungenlied-Gesellschaft Worms e. V. Hrsg. von Gerold Bönnen und Volker Gallé. Worms: Stadtverlag Worms 2002. (= Schriftreihe der Nibelungenlied-Gesellschaft Worms e. V. 2.) S. 23–29.

Heitkämper, Peter: Mehr Lust auf Schule. Handbuch für innovativen und gehirngerechten Unterricht. Paderborn: Junfermann 1995.

Hofmeister, Wernfried: ‚Inhaltsangaben' als literaturhistorische Herausforderung dargestellt am Beispiel von Heinrich Wittenwilers Versepos „Der Ring". In: Jahrbuch für Internationale Germanistik. Hrsg. von Hans-Gert Roloff. Frankfurt am Main: Verlag Peter Lang 2003. (Jahrgang 35. H. 2.) S. 169–201.

Hofmeister, Wernfried: Mittelalterliche Literatur zwischen Forschung und Schule. Fachdidaktische Perspektiven am Beispiel der Dichtung Ulrichs von Liechtenstein. In: Jahrbuch der Oswald von Wolkenstein Gesellschaft. 15 (2005), S. 211–222.

Hofmeister, Wernfried: Vom „Salon-Seminar" zum öffentlichen Seminar-Projekt. „Alte" und „neue" Methoden der Vermittlung literaturwissenschaftlicher Inhalte, verdeutlicht am Beispiel der germanistischen Mediävistik an der Karl-Franzens-Universität in Graz. In: Hochreiter u. Ursula Klingenböck (Hrsg.): Literatur – Lehren – Lernen. Hochschuldidaktik und germanistische Literaturwissenschaft. Wien, Köln u. Weimar: Böhlau 2006, S. 157–172.

Jentzsch, Peter: Handlungsorientierte Begegnungen mit dem Mittelalter. Didaktische Skizzen. In: Mitteilungen des Deutschen Germanistenverbandes 45 (1998), H. 1–2, S. 44–67.

Jönsson, Maren: Ob ich ein Ritter wære. Genderentwürfe und genderrelativierte Erzählstrategien. Uppsala: University Library 2001. (= Studia Germanistica Upsaliensia. 40.) [Zugl.: Uppsala, Diss. 2001].

Karg, Ina: Mittelalter ohne Ende? Aktualität und Geschichtlichkeit einer (nicht immer) populären „Epoche". In: Informationen zur Deutschdidaktik. Zeitschrift für den Deutschunterricht in Wissenschaft und Schule 25 (2001), H. 3 (Mittelalter), S. 38–47.

Karg, Ina: „„...und waz si guoter lêre wernt...“ Mittelalterliche Literatur und heutige Literaturdidaktik. Versuch einer Kooperation. Frankfurt a. M.: Lang 1998. (= Beiträge zur Geschichte des Deutschunterrichts. 35.)

Kern, Manfred: Parzival gegen Shell Oil. In: Informationen zur Deutschdidaktik. Zeitschrift für den Deutschunterricht in Wissenschaft und Schule 25 (2001), H. 3 (Mittelalter), S. 28–37.

Kluge, Friedrich: Etymologisches Wörterbuch der deutschen Sprache. 23., erw. Aufl. Berlin, New York: de Gruyter 1995.

Kugler, Hartmut: Mediävistik-Memoria-Management. In: Mitteilungen des Deutschen Germanistenverbandes 45 (1998), H. 1–2, S. 129–133.

Krohn, Rüdiger: Aufbrüche in die Vergangenheit zur Gewinnung der Zukunft. Wellen und Wandlungen der Mittelalter-Rezeption. In: Mitteilungen des Deutschen Germanistenverbandes 45 (1998), H. 1–2, S. 134–160.

Langer, Ellen J.: Kluges Lernen. Sieben Kapitel über kreatives Denken und Handeln. Hamburg: Rowohlt 2001.

Lienert, Elisabeth: Gender Studies. Gewalt und das ‚Nibelungenlied‘. In: Der Mord und die Klage. Das Nibelungenlied und die Kulturen der Gewalt. Dokumentation des vierten Symposiums Nibelungenlied-Gesellschaft Worms e. V. Hrsg. von Gerold Bönnen und Volker Gallé. Worms: Stadtverlag Worms 2003. (= Schriftreihen der Nibelungenlied-Gesellschaft Worms e. V. 3.) S. 145–162.

Markowitsch, Hans J.: Neuropsychologie des menschlichen Gedächtnisses. In: Spektrum der Wissenschaft. Digest: Rätsel Gehirn 4 (2004), S. 52–67.

Mechsner, Franz: Wie das Wissen in den Kopf kommt. In: Geo 10 (2004), S. 160–190.

Mechsner, Franz: Die Lust am Wissen. In: Geo 11 (2004), S. 167–194.

Miklautsch, Lydia: Das Mittelalter im Cyberspace. In: Informationen zur Deutschdidaktik. Zeitschrift für den Deutschunterricht in Wissenschaft und Schule 25 (2001), H. 3 (Mittelalter), S. 48–55.

Misik, Robert: Du sollst ein Held sein! In: Der Standard (Album) vom 11. 6. 2005, S. A1–A2.

Mittendorfer, Martina und Franz: Wie Mittelalter lebendig unterrichten? Ein Modell und seine Realisierung. In: Informationen zur Deutschdidaktik. Zeitschrift für den Deutschunterricht in Wissenschaft und Schule 25 (2001), H. 3 (Mittelalter), S. 105–112.

Müller, Jan Dirk: Mittelalterliche Literatur. In: Didaktik Deutsch 1 (1996), H. 1, S. 53–62.

Müller, Jan-Dirk: Das Nibelungenlied. Berlin: Erich Schmidt 2002. (= Klassiker-Lektüren. 5.)

Neumann, Belina Elisabeth: Siegfried im Nibelungenlied – ein typisches Heldenleben? Wien: Univ., Dipl.-Arb. 2001.

News 5 (2003), Das Reformpaket des Pisa-Experten, S. 17.

Raitz, Walter: Ein Relikt mit Zukunft? Deutsche Literatur des Mittelalters im Unterricht. In: Der Deutschunterricht 44 (1992), H. 2, S. 3–11.

Racz, Brigitte: Das Heroische im Nibelungenlied. Wien: Univ., Dipl.-Arb. 1998.

Neumann, Belina Elisabeth: Siegfried im Nibelungenlied – Ein typisches Heldenleben? Wien: Univ., Dipl.-Arb. 2001.

Rebhandl, Bert: Moderne Kreuzzüge. In: Der Standard (Album) vom 26. 11. 2005, S. A1–A2.

Reichelt, Ulla: Lebenszeichen nach lautlosem Begräbnis: Mittelalterliche Literatur im Deutschunterricht. In: Mitteilungen des Deutschen Germanistenverbandes 45 (1998), H. 1–2 , S. 30–42.

Ringeler, Franz: „Tandaradei, was ist da groß bei, ein Mädchen zu lieben, ihr Wärme zu geben?" Einige Gedanken zu Walther von der Vogelweide im gymnasialen Deutschunterricht. In: Walther von der Vogelweide: Beiträge zu Produktion, Edition und Rezeption. Hrsg. von Thomas Bein. Frankfurt am Main u. a.: Lang 2002. (= Walther-Studien. 1.) S. 343–354.

Rieser, Klaus: (Un)männliche Helden. In: Unizeit. Das Forschungsmagazin der Universität Graz 4 (2004), S. 8–9.

Santner, Katharina: Romantische Ideen und Projektionen. Der Mediävist Karl Brunner über gängige Klischees und steile Thesen zum Mittelalter. In: Der Standard (Album) vom 26. 11. 2005, S. A3.

Schachl, Hans: Was haben wir im Kopf? Die Grundlagen für gehirngerechtes Lernen. 2. Aufl. Linz: Veritas 1998.

Schneidewind, Friedhelm: Das große Tolkien-Lexikon. Von "Roverandom" bis zum "Silmarillion", vom "Kleinen Hobbit" bis zum "Herrn der Ringe" – eine phantastische Reise durch die Welt des John R. R. Tolkien. Berlin: Schwarzkopf und Schwarzkopf 2001.

Schmidt, Siegried: König Artus – Vom Mittelalter über die Bühne ins Klassenzimmer. Eine Projektbeschreibung. In: Fächerübergreifender Literaturunterricht: Reflexion und Perspektive für die Praxis. Hrsg. von Günther Bärnthaler und Ulrike Tanzer. Innsbruck, Wien: Studien-Verlag 1999. (= ide extra. 5.) S. 184–203.

Schwarzgruber, Elisabeth: Mittelalterliche deutschsprachige Literatur in der Schule. Entwurf einer impulsbezogenen, themaorientierten Literaturdidaktik unter besonderer Berücksichtigung des *Frauendienstes* von Ulrich von Liechtenstein. Graz, Univ., Dipl.-Arb. 1998.

Schulze, Ursula: Brünhild – eine domestizierte Amazone. In: Sagen- und Märchenmotive im Nibelungenlied. Dokumentation des dritten Symposiums von Stadt Worms und Nibelungenlied Gesellschaft Worms e. V. Hrsg. von Gerold Bönnen und Volker Gallé. Worms: Stadtverlag Worms 2002 (= Schriftreihen der Nibelungenlied-Gesellschaft Worms e. V. 2.) S. 121–141.

Schulze, Ursula: Das Nibelungenlied. Stuttgart: Reclam 1997. (= Reclam Universal-Bibliothek. 17604.)

Schwab, Ute: Weinverschütten und Minnetrinken. Verwendung und Umwandlung metaphorischer Hallenoptik im Nibelungenlied. In: Pöchlarner Heldenliedgespräch. Das Nibelungenlied und der Mittlere Donauraum. Hrsg. von Klaus Zatloukal. Wien: Fassbänder 1992. (= Philologica Germanica. 13.) S. 59–101.

Shippey, Tom A.: J. R. R. Tolkien. Autor des Jahrhunderts. Aus dem Englischen übersetzt von Wolfgang Krege. Stuttgart: Klett-Cotta 2002.

Simek, Rudolf: Mittelerde. Tolkien und die germaniche Mythologie. München: Beck 2005.

Spitzer, Manfred: Geist im Netz. Modelle für Lernen, Denken und Handeln. Heidelberg, Berlin, Oxford: Spektrum 1996.

Spitzer, Manfred: Lernen. Gehirnforschung und die Schule des Lebens. Korr. Nachdr. Heidelberg, Berlin, Oxford: Spektrum 2003.

Steger, Priska: „Es pfliget diu küneginne sô vreislîcher sît". Zum Schreckensmythos der isländischen Königin und Heldin Brünhild. In: Herrscher, Helden, Heilige Hrsg. von Ulrich Müller und Werner Wunderlich. St. Gallen: UVK, Facherlag Wiss. und Studium 1996, S. 341–366.

Teml, Hubert: Entspannt lernen. Stressabbau, Lernförderung und ganzheitliche Erziehung. 6. Aufl. Linz: Veritas 2001.

Weinreich, Frank: Lektüre Durchblick „The Lord of the Rings" (Der Herr der Ringe). Auf Deutsch – mit englischen Formulierungshilfen. München: Mentor Verlag 2002. (= Lektüre Durchblick. 431.)

Wunderlich, Werner: Nibelungenpädagogik. In: Die Nibelungen. Sage – Epos – Mythos. Hrsg. von Joachim Heinzle, Klaus Klein und Ute Obhof. Wiesbaden: Reichert 2003, S. 345–374.

Internetquellen (Stand 2006-03-01)

Hartwig, Uta: Tolkien: Hobbits und mehr. Online im Internet:
URL: www.lehrer-online.de/dyn/275878.htm
Wolf, Peter: Historismus auf dem Bildschirm? Überlegungen zu Computerspielen mit historischer Thematik. Online im Internet:
URL: www.bayern.de/HDBG/wolf.pdf
URL: http://www.fgs.snbh.schule-bw.de/see/8/nibelung.htm
URL: http://www.bmbwk.gv.at/medienpool/781/ahs7.pdf
URL: http://www.bmbwk.gv.at/medienpool/11668/lp_ahs_neu_allg.pdf
URL: http://www.bmbwk.gv.at/medienpool/11853/lp_neu_ahs_01.pdf
URL: http://www.mediaevum.de
URL: http://www.burgen.de
URL: http://www.nibelungenmuseum.de
URL: http://www.rittertum.de

Mediävistik zwischen Forschung, Lehre und Öffentlichkeit

Herausgegeben von Wernfried Hofmeister

Band 1 Markus Hinterholzer: *Alte HeldInnen braucht die Schule.* Das *Nibelungenlied* und der *Herr der Ringe* als literaturdidaktische Beispiele für einen gehirn-gerechten Mittelalterunterricht. 2007.

www.peterlang.de